名字の歴史学

奥富敬之

講談社学術文庫

はじめに

昭和二十七年（一九五二）七月、早稲田大学教授の洞富雄《ほらとみお》先生の論文が、日本歴史学会の機関誌「日本歴史」の第五十号に掲載された。論文の題名は、「江戸時代の一般庶民は果して苗字を持たなかったか」だった。

当時、江戸時代の庶民は、苗字を持ってはいなかった、と一般に信じられていた。専門の日本歴史の研究者たちですら、そう思っていた。そして文部省（現文部科学省）検定の日本史の教科書にも、「江戸時代の庶民は、苗字・帯刀が禁じられていた」と書かれていた。江戸時代の庶民は、苗字を持ってはいなかった。これが当時の研究者たちも含めた日本人全体の常識だったのである。

この「常識」に対して、真っ向から挑戦したのが洞論文だった。江戸時代の庶民も苗字を持っていた。しかし名乗ることはしなかったのだ、と主張したのである。まさに爆弾論文だった。

洞論文には数多くの実例が、論拠として挙げられていた。論証は手堅く、しかも緻密で正確だった。そしてなによりも、簡単には反論できないほどの気迫がこもっていた。

当然のことながら、誰からも反論は出されなかった。それどころか爆弾論文に触発されて、これに賛意を表する論文が、次々と学界に発表された。関西や九州、関東など日本各地で江戸時代の庶民が苗字を持っていたという実例が報告され、学界に発表された。貧農でも苗字を持っていたことも確認された。

そしてこの間、さらに調査研究は深まっていった。

ある論文は、神事に関係したときは庶民も苗字を名乗ったと指摘した。別の研究は、神事のときだけではなく、私的な冠婚葬祭の際にも苗字を名乗っていた、と論証した。ある論考は、庶民が苗字を名乗らなかったのは、公的な場合だったことを実証した。また、領主の前では庶民は苗字を名乗らなかったから、苗字は領地と関係があったのではないか、と推論した論文も発表された。

いずれにしても江戸時代の庶民は、苗字は持っていた。しかし公称はしなかったということが、学界でも認められるようになった。そして、何故江戸時代の庶民が苗字を公称しなかったかが、問題となった。

多くの研究者は、その原因が江戸時代より以前にあると考えた。必然的に苗字研究の対象は、中世、さらに古代へと溯《さかのぼ》っていった。鎌倉武士の社会や平安貴族の世界が、再検討されることになったのである。

この結果、さまざまな発見が相次いだ。

江戸時代に「苗字」と書かれていたものは、鎌倉時代の文献や記録には「名字」と記されており「名字ノ地」という語も散見され、名字が領地と関係があったことが確認された。また、鎌倉武士の社会では、名字呼称を禁ずる「削《さく》名字」という制裁行為があったことも古文書などに見られ、これが平安貴族の世界にあった「放氏《ほうし》」という制裁行為と似ているという指摘もなされた。

この「放氏」とは、氏《うじ》（氏族）から追放するということである。必然的に研究は、氏の問題に移ることになる。「氏」とはなにか、ということである。研究は奈良時代よりも古く、大和朝廷の時代にも及ぶことになる。何故ならば大和朝廷は氏族連合政権だったからである。

こうして洞先生が投じた苗字（名字）に関する爆弾論文は、ついに古代の大和朝廷の時代まで問題・関心を溯らせることになったのである。

目次

名字の歴史学

名字の歴史学

第一章　姓名は、天皇から賜わるもの

一　氏族をたばねた氏姓制度

氏名とは氏族の名称

日本最初の統一王朝である大和朝廷は、ひらたくいえば氏族連合政権だった。多くの氏族が天皇の下に寄り集まって、一つの政権を構成していたのである。

それぞれの氏族集団は、「氏《うじ》」と呼ばれた。氏族の長《おさ》は「氏上《うじのかみ》」と呼ばれ、同じ血縁の「氏人《うじびと》」たちを統率管理した。その下には非血縁の奴婢《ぬひ》たちが従属させられていて、「部曲《かきべ》」とか「部民《べみん》」と呼ばれていた。つまり「氏」は、一人の氏上、複数の氏人、そして多くの部曲とから成り立っていたのである。

天皇の場合も同様だった。天皇は天皇氏という氏族の氏上で、いわゆる皇族は、その氏人だった。しかし天皇氏に従属していた奴婢たちは、部曲とはいわず、特別に「品部《ともべ》」と呼ばれた。

氏族の数は、かなり多かった。六四五年の大化改新より以前で、一〇〇を超えていたらしい。その後も増加し続け、平安時代に入った弘仁六年（八一五）、嵯峨《さが》天皇の勅命《ちょくめい》で編纂された左右京・五畿内の古代氏族系譜の集大成である『新撰姓氏録《しんせんしょうじろく》』には、実に一一八二氏の氏名《うじめい》が記されている。そのなかには蘇我《そが》・葛城《かつらぎ》・巨勢《こせ》・阿倍・香山《かぐやま》・当麻《たいま》・平群《へぐり》・宇治・飛鳥《あすか》・大和・桜井など、大和国の地名に由来したと思われる氏名が、大和朝廷だけに多い。

しかし、大和国内以外の地名に由来した氏名も少なくなく、国名に由来したものとしては、出雲《いずも》（島根県）・淡海《おうみ》（滋賀県）・津島（対馬、長崎県）・尾張（愛知県）・筑紫《つくし》（九州）・毛野《けぬ》（群馬県・栃木県）・吉備《きび》（岡山県・広島県東部）・高志《こし》（福井県・新潟県・富山県・石川県）などがある。また、その他に地名に由来した氏名としては、三島・長岡・名《な》張《ばり》・吉野・我孫《あびこ》・犬上・住吉・桑名・与等《よど》・豊島《てしま》・難波・葛原《かつらばら》などがある。

氏族連合政権としての大和朝廷では、それぞれの氏族は、それぞれ一定の職能を分担専管して朝廷に奉仕していた。このため地名に由来する氏名のほかに、氏族の職能を明示した氏名も多く見られる。たとえば、中臣《なかとみ》氏は、神と人間との間に立って、祭祀を司っていた。忌《いん》部《べ》氏は身を潔めて神に奉仕した。物部《もののべ》氏の「モノノベ」の語源はモノノケ（物ノ化）であり、モノ（武器）を持ってモノノケなどを討つのが一族としての職能だった。大伴《おおとも》氏は多（大）くの兵を伴って朝廷の軍事を担当した。久米《くめ》氏は朝廷の警固で、膳《かしわで》氏は天皇の食膳が専門だった。この他、玉作《たまつくり》氏＝装飾品の製作、衣縫《きぬぬい》氏＝裁縫、服部《はとりべ》氏＝衣服の製作、錦織《にしごり》氏

＝錦の製作、弓削《ゆげ》氏＝弓矢の製作、舂米《つきしね》氏＝米の脱穀と精米、犬養《いぬかい》氏＝猟犬の飼育と訓練、鳥飼《とりかい》氏＝鷹狩り用の鷹の飼育と訓練、鵜甘《うかい》氏＝鵜飼用の鵜の飼育と訓練などがこれにあたる。これらは氏名を見ただけでその職能がわかる。また、渡来人系の秦《はた》氏・東漢《やまとのあや》氏・西漢《かわちのあや》氏の三氏は、文筆事務を管掌していたようである。

氏名は、氏（氏族）の名称で、個人の名称ではなかった。すべての個人は、氏人あるいは奴婢として氏集団に属していたのだから、氏上はもちろん氏人や奴婢たちも氏名を名乗っていたのである。

たとえば大化改新の際、蘇我入鹿《いるか》を暗殺した中大兄皇子《なかのおおえのおうじ》は、蘇我氏の氏人の倉山田石川麻呂《くらやまだのいしかわまろ》を同志に引き入れているが、その倉山田石川麻呂は、「蘇我倉山田石川麻呂」として「蘇我」という氏名を名乗っていた。このように氏上ではない氏人が氏名を名乗っていたという例は、中臣氏の氏人の子上《こがみ》が、「中臣子上」と名乗っていたり、雄柄宿禰《おがらのすくね》稲茂《いなもち》を氏上とした雄柄氏の氏人の荒人《あらと》が、「雄柄荒人」と名乗っているなど、『新撰姓氏録』に散見される。しかし『古事記』『日本書紀』では、氏上の名乗りは頻見されるが、氏人の名乗りは見られない。まして奴婢たちの名乗りは、まったく見られない。

なお、現在電話帳などに掲載されている名字のなかにも古代の氏名と同じ、三宅・川原・山口・坂本・入間《いるま》・三枝《さいぐさ》・林・佐伯・柏原・越智《おち》・竹田・小山・宮部・長

谷・高橋・久米・菅原・生田・竹原・平岡・恩智・和田・高野・永原・吉田・桑原・田中・大野・日下部《くさかべ》・矢田部・長谷部《はせべ》・岸田・五百木《いおぎ》・田辺《たのべ》

などを見ることができる。

尊卑の序列を示す姓名

中央氏族の氏上は、朝廷に出仕して自分の氏の職能を果たしたり、氏上たちが開く会議に出席したりする。そのようなときの席次などを決定したのが、姓《かばね》と考えられる。姓は、もともとは氏人たちが氏上を呼ぶときに付けた尊称だったという説もあるが、これは誤りと思われる。大和朝廷に連合あるいは臣従した際、その氏の身分の高下によって天皇から氏上に授けられた尊称で、それなりに尊卑の序列があった。つまりは、のちの爵位のようなものだった。

姓名は、真人《まひと》・大臣《おおおみ》・大連《おおむらじ》・臣・連・宿禰・君《きみ》・造《みやつこ》・公《きみ》・直《あたい》・首《おびと》・史《ふひと》・忌寸《いみき》・県主《あがたぬし》・村主《すぐり》など二十種類ほどあった。

いずれにしても姓は、天皇が与えるものだった。天皇が姓を与えることを、「賜姓《しせい》（姓を賜う）」といった。そして与えられた姓名を名乗るということは、天皇を自分より上位の存在と認め、天皇に対する臣従と忠誠とを誓うという意味があった。

したがって天皇とその一族には姓はない。もし天皇が姓を名乗ったら、

「誰から賜姓されたのか」

「天皇より上位の存在があるのか」

ということになってしまうからである。

とにかく天皇は、最高位の存在でなければならない。だから天皇と皇族には姓はない。そのことが継承され、現代でも天皇と皇族には名字はない。

『日本書紀』で氏上たちの名乗りを見ると、最初のうちは、〔氏名＋実名＋姓名〕の順が多い。氏上という個人が賜姓されて、個人が名乗るのだから当然といえば当然である。ところが同書巻十九の第二十九代欽明天皇の頃からしだいに〔氏名＋姓名＋実名〕という順にかわっていく（図1参照）。

同時に賜姓ということも、たんに姓だけを与えるのではなく〔氏名＋姓名〕というかたちのものを授けるということになっていく。このとき〝氏名ノ姓名〟というように、氏名と姓名との間に、「ノ」を入れて読むようになったと思われる。

ところで数多くの氏（氏族）の性格などを考えるとき、姓などによっていくつかに分類する必要が出てくる。

図1

［氏名＋実名＋姓名の例］

氏名	実名	姓名
紀《きの》	男麻呂《おまろ》	宿禰《すくね》
穂積《ほづみの》	磐弓《いわゆみ》	臣《おみ》
物部《もののべの》	麁鹿火《あらかい》	大連《のおおむらじ》
許勢《こせの》	男人《おひと》	大臣《のおおおみ》

［氏名＋姓名＋実名の例］

氏名	姓名	実名
大伴《おおとも》	連《むらじ》	狭手彦《さてひこ》
葛城《かつらぎの》	直《あたい》	瑞子《みずこ》
蘇我《そがの》	大臣《おおおみ》	稲目《いなめ》
物部《もののべの》	大連《おおむらじ》	尾輿《おこし》

まず最初は、皇系氏族である。

天皇を一代目として、子、孫、曾孫と代を重ねても通常は天皇氏の氏人、つまり皇族として扱われ、親王、内親王あるいは王、女王などの号を称することはできる。しかし数代のちになると、やはり天皇氏という氏族集団から出ていくことになる。天皇氏の氏人でなくなるので皇籍離脱ということになり、必然的に家臣の籍に下るわけだから、これを臣籍降下《しんせきこうか》という。

天皇氏の氏人だったときには、姓は持っていなかったから、臣籍降下して新しい氏を興すということになれば、必然的に賜姓を受けなければならないし、また新しい氏名も名乗らなければならない。

つまり皇族が皇籍離脱、臣籍降下をするとなると、それにともなう賜姓は、〔氏名＋姓名〕を受けるということになる。たんなる姓名だけでは、ことはすまない。

『古事記』『日本書紀』および『新撰姓氏録』によれば、大和時代に成立した皇系氏族の氏名としては、

息長《おきなが》・山道《やまじ》・坂田・八多《はつた》・三国・守山・大原・香山・登美《とみ》・蜷淵《になぶち》・三島・淡海・高階《たかしな》・春日・当麻・豊野《とよの》・酒人《さかひと》・多治《たじ》・為名《いな》・高額《たかぬか》・文室《ぶんや》

などが挙げられる。

そしてこれらの氏に与えられた姓は、圧倒的に「真人」が多い。今までは神性を具備していた天皇氏の氏人だったのが、臣籍に降下して通常の人間になったということだろうか。

なお、皇系氏族が住んだ場所も圧倒的に都のなかだった。地方に下ったという例は、皆無に近い。しかし、これら皇系諸氏は、あまり振るわなかった。

これに対して臣系諸氏は、大和朝廷内で大きな力を持っていたようである。この大臣・臣・君などという姓名を持った臣系諸氏には、蘇我・葛城・巨勢・阿倍・宇治などがある。前述したように氏名は、いずれも大和国内の地名に由来している。これらの臣系諸氏は、そ

れぞれ天皇氏と婚姻関係を結ぶなど、天皇氏に臣従するというよりも、むしろ対等の関係を天皇氏と結んでいるという観さえもある。そして蘇我氏は、臣系諸氏の代表格の存在で、その姓は大臣だった。

臣系諸氏と対応の関係にあったのが、連系諸氏である。大連・連などがその姓名で、物部・大伴・中臣・忌部などの諸氏があった。連系諸氏は、天皇氏に直接に従属していて、それぞれの職能を分担して天皇氏に仕えていた。このうち物部氏は、連系諸氏の代表格で、その姓は大連だった。

その連系諸氏の麾下《きか》にあって、さらに職能を細分化して分担していたのが、弓削・犬養・馬飼・鵜甘・春米・膳・服部・衣縫・錦織・玉作・秦・東漢・西漢・久米などの伴造《とものみやつこ》系諸氏である。

これら伴造系諸氏の姓は、膳臣・犬養宿禰・衣縫造・久米直・春米宿禰・弓削宿禰・東漢直などで、臣・直・造なども あって多種であったが、宿禰が群を抜いて多い。

以上の皇系、臣系、連系および伴造系などの諸氏は、基本的に中央氏族だった。大部分は都にいたのである。

これらに対して地方に在住していたのが、国造《くにのみやつこ》系諸氏である。地方豪族として独立性の強い氏族もあったが、大和朝廷に服属して姓を授けられると、多くは居住地の地名を氏名として姓名の上に冠して名乗っている。そして出雲国の大豪族の出雲氏が臣を姓とした例があるが、国造系諸氏の姓は、だいたい国造・県主・村主・首・史などだった。越国《こし》の大豪族高志《こし》（越）氏や、吉備地方の大豪族吉備氏でさえ、与えられた姓は国造だった。

鮮やかなまでに大和朝廷には、中央偏重、地方軽視の風が顕著である。

いずれにしても大和朝廷は、姓名で尊卑を秩序付けられた氏族が結集した政権だった。このようなありかたを、氏姓《うじかばね・しせい》制度という。

二　天皇の権威を高めた賜姓

賜姓の諸例

天皇は、大和朝廷の統一の過程において連合あるいは服属してきた氏の氏上に対して賜姓《しせい》をしてきたものと思われるが、大和朝廷の統一の過程そのものは、まだ判然とはしていない。したがって統一の過程における賜姓の実例を挙げることはできない。しかし、天皇の代数も第十代崇神《すじん》天皇の頃から以降になると、各種の賜姓の例が多くなるようである。すでに賜姓とはいうものの、この時期には〔氏名＋姓名〕になっている。

以下、『日本書紀』『古事記』『新撰姓氏録《しんせんしょうじろく》』などにより賜姓の諸例を探ってみたい。

最初に挙げる磐鹿六雁王《いわかのむつかりおう》の例は、第八代孝元天皇の皇子大彦命《おおひこのみこと》の孫だというから、孝元天皇を一代とすると四代目での皇籍離脱、臣籍降下《しんせきこうか》ということになる。

第十二代景行天皇が東国を巡遊して、上総国《かずさ》（千葉県）から安房国《あわ》（千葉県）に渡海したときの話である。六雁王は海中から大きな白蛤《うむき》を探し獲り、これを料理して天皇の食膳に供えた。これを食べた天皇は、あまりの美味に感じて、六雁王を「膳大伴部《かしわでのおおともべ》」に賜姓したという。

次の彦命王《ひこみことのおう》の例は、第九代開化《かいか》天皇の皇子、彦坐命《ひこいますのみこと》の四代の孫だというから、開化天皇からは六代目ということになる。

北夷を征して功ありというから、蝦夷征討で手柄を樹《た》てたのだろう。賞として近江国浅井郡内（滋賀県）の地を与えられ、さらにその地を新開して水田としたので、「治田連《はりたのむらじ》」と賜姓されている。なお「治田」というのは、荒野を切り開いて水田とすることで、彦命王の場合にはそれが氏名とされたのである。

次の例も景行天皇の代である。ある年、日照りが続き、天下は旱魃《かんばつ》に襲われ、都を流れていた川も干上がり、多くの井戸も水が出なくなった。このとき第十代崇神天皇の末裔で、六代目の皇族だった阿利真王《ありまのおう》が立った。阿利真王は、高くて長大な樋《とい》をつくり、都周辺の山々の垂水《たるみ》を集め、これを宮中にまで流し入れて、ついに天皇の供御《くご》の食膳に清冽美味の水を供えることに成功した。これに感じた天皇は、阿利真王に賞として「垂水公《たるみのきみ》」と賜姓したのである。

以上の三例は、すべて皇系氏族の成立の情況である。これらを注意深く検証すると、いろいろなことがみえてくる。

六雁王が与えられた姓は臣だった。彦命王の姓は連だった。そして阿利真王は公だった。三例を見る限り、皇系氏族に対しては真人《まひと》を与えるという原則が、すでに遵守されなくなっていたことがわかる。

また、天皇を第一代として算定すると、六雁王は四代目、彦命王と阿利真王は六代目だった。のちに律令制度が実施されると、天皇から五代目までは、皇籍にあって王号が許されるが、六代目では皇籍離脱、臣籍降下するのが基本的な原則とされている。この法的な原則は、すでに景行天皇の頃から慣習的に成立していたことを、これらの例は示唆している。

そしてなによりも注目すべきことは、三例とも行賞としての賜姓だったことである。手柄を樹てたので褒美として新しい氏を興し、その氏上に任じたのである。しかし、後述するように平安時代になってからの皇系氏族の成立は、天皇氏の財政難が原因だった。財政支出の節減のため、皇族は賜姓されて臣籍に降下したのである。このような平安時代の賜姓とくらべると、大和時代の賜姓の性格は異なっていた。

これら皇系氏族とは別に、既存の氏の氏人が天皇から賜姓されて新しい氏を興し、当人はその氏上になるという以下のような例が、少数ながら確認できる。

第一の例は、第十三代成務天皇の代に尾張国（愛知県）嶋田上・下の二県に、「悪神」が出現したときのものである。そのとき神道担当の中臣《なかとみ》氏の氏人の子上《こがみ》が、その悪神退治のため派遣された。悪神退治の具体的情況は不明だが、子上は首尾よく任務を果たし、そのことを天皇に報告した。その日、子上は「嶋田臣」と賜姓されて、新しく成立した「嶋田氏」の氏上になり、姓を「臣」と称することになった。

第二の例は、雄柄《おがら》氏の氏上雄柄宿禰《すくね》稲茂《いなもち》の氏人だった雄柄荒人《あらと》が、第三十五代皇極天皇の代に水の便の悪い大和国葛城郡野上（奈良県）の地で、新開田を切り開くよう命じられたときのものである。一人の氏人に過ぎなかった荒人が、族長である氏上を通じないで直接に天皇の命令を受けることになったのは、荒人が「機術」に通じていることを天皇が聞き知っていたかららしい。「機術」というのは、機械工作のことと思われる。いずれにしても荒人は、長い「械《かしげ》（樋か）」をつくって、遠くから川の水を引き入れて、野上の地に豊かな水田を新開した。その功を賞されて、荒人は「械田臣《かしげだのおみ》」と賜姓されたという。雄柄氏の氏人だったのが、新しく、田氏という氏族集団がつくられて、荒人はその氏上になったのである。

この二例も、前述の皇系氏族三例と同様、手柄を樹てたので、褒賞の意味で賜姓されたのである。このことから、

(一)氏上の氏人たちに対する支配管理の圧力が強かったので、氏人たちは自分が属している氏から、抜け出したがっていた。

(二)たとえ氏上の支配が強くなくても、氏人たちは自立して、自分を氏上とする新しい氏を持ちたがっていた。

という仮説も成り立つのではないだろうか。

㈠のような現実からの脱出願望と、㈡のような出世願望と、どちらが氏人たちのものだったか判然とはしない。いずれにしても賜姓されるということは、褒美だったのである。

なお、皇系氏族三例については、天皇氏の氏人、つまり皇族であることよりも皇籍から離脱して臣籍に降下し、新しい氏の族長（氏上）になる方を望んだとも思われ、当時皇族であるということに、さほど利点がなかったということを示しているとも考えられる。

渡来人への賜姓

この頃、中国大陸や朝鮮半島では、国々の分裂・興亡が激しかった。このためこの地に住む人々が混乱を避けて、一族を率いて日本に渡ってくることも多かった。そしてこのような渡来系の人々にも賜姓が行われたことが、『新撰姓氏録』などからも知ることができる。これら渡来人は、たとえ族長であっても日本の姓は持っていなかったからである。

朝鮮半島の辰（秦）韓国から渡来した弓月君《ゆづきのきみ》は、秦公《はたのきみ》と賜姓されて秦氏《はたうじ》の氏上となった。『日本書紀』によれば、第十五代応神天皇の代とされる。

朝鮮半島西北部の楽浪郡を経由して渡来した漢人は、河内国（大阪府）に居住地を与えられて西漢氏《かわちのあやうじ》となった。また、朝鮮半島中部の帯方郡から渡来した漢人は、大和国に居住地を与えられて東漢氏《やまとのあやうじ》となった。東・西両漢氏は、ともに直《あたい》と賜姓されている。そして、秦・西漢・東漢の三氏は、ともに伴 造《とものみやつこ》系氏族のうちに組み込まれ、三氏ともに文筆事務をもって天皇に仕えるようになったことは前述した。『新撰姓氏録』には、渡来した人々への賜姓のさまが、数多く記載されている。以下、『新撰姓氏録』などにより、これらの賜姓の経緯を検証してみたい。

朝鮮半島から渡来した曾々保利《そそほり》の例は、興味深い。

第十六代仁徳天皇から、

「汝《いまし》、なんの才あるや」

と尋ねられた曾々保利は、

「我ら、酒を造るの才あり」

と答えている。天皇はすぐに曾々保利らに酒をつくらせたが、その旨さに感激した天皇は、曾々保利に王女の山鹿姫《やまがのひめ》を与え、その上に秦酒部公《はたのさかべのきみ》と賜姓している。これ以降秦酒部氏は、酒をつくって朝廷に献上するということを任としていたが、やがて与えられた居住地に桑の木を植え、蚕《かいこ》を飼って絹を生産し、これを朝廷に献上するようになった。そこで第二十一代雄略天皇は、秦酒部氏に「宇豆麻佐《うずまさ》」という氏名を賜姓したという。「賜姓」とはいうものの、実際には氏名を与えたのである。なお、「宇豆麻佐」は現在の京都市の太秦《うずまさ》のことである。そして秦酒部氏は、氏名が宇豆麻佐（太秦）氏とかわったが、姓はかわらず公のままだった。

「賜姓」というのは、本来は〝姓を賜う〟ことだった。それが〔氏名＋姓名〕を与えることというように意味が広くなっていくと、ついには宇豆麻佐氏のように「氏名」だけを与えるということをも指すようになっていったと思われる。

賜姓が〔氏名＋姓名〕を与えることを指す例として、百済《くだら》国から渡来した王辰爾《おうしんに》とその弟の牛が挙げられる。

王辰爾は、第二十九代欽明天皇の頃、「数録船賦」ということをしたので「船史《ふねのふひと》」と賜姓されたと、『日本書紀』にある。「数録船賦」とは、「〝船の賦（御調）〟をカゾヘシルス」と読むようだが、造船・航海にも関係していたことかもしれない。さらに第三十代敏達《びだつ》天皇の代に、弟の牛が、「津史《つのふひと》」と賜姓されている。王辰爾の弟というのだから、王辰爾を氏上とする「船」氏の氏人だったはずだが、これが船氏から自立して新しく成立した「津」氏の氏上に登用されたわけである。なお、「津」は港湾のことで、牛も航海などと関連する技術を持っていたものと思われる。渡来人への賜姓は、大陸の進んだ文明や技術を、朝廷は積極的に取り入れようとしていたということかもしれない。

次に挙げる勅命により百済国に赴き、しばらくの間、百済国に滞在した田道公《たみじのきみ》某の例は、前述の渡来人への賜姓の例とはいささか異なる。

百済国滞在中某は、止美邑《とみむら》に住む百済人女性との間に一子男持《おもち》をもうけたが、使命を果たすと妻と男持とを百済国に残して帰国した。やがて欽明天皇の代に男持の孫吉雄《よしお》は、曾祖父田道公の国を慕って渡来した。このとき欽明天皇は、吉雄が生まれ育った百済国の止美邑にちなんで、吉雄を「止美連」と賜姓して、大和国に居住地を与えたという。

さらにその後、止美氏の氏人のうちから自立を図った者があったらしい。このとき天皇は、その氏人に「登美首《とみのおびと》」と賜姓して、和泉国（大阪府）に遷したという。

登美首のように氏人が新たに独立し氏族を立てる例は、近江国志賀郡真野《まの》村に住した真野臣の氏人から出た真野首《おびと》、安曇《あずみ》宿禰氏からの凡海《おおこうち》連氏、尾張宿禰氏からの津守《つもり》宿禰氏など、この種の例は多い。

賜姓の意図

以上のような大和朝廷下での賜姓の諸例を概観してくると、

㈠諸氏族の族長としての氏上の権力は、かなりに強大なものだった。このため氏人たちは、氏上の管理統制の強い圧力の下で喘《あえ》ぎ、自立を願っていた。これは、天皇氏の企図と微妙に合致していた。天皇氏では、個々の氏族の勢力削減を図って、他氏族の氏人に賜姓したのである。つまり大氏族の一部を割き取るというのが、賜姓をするときの天皇氏の狙いだったのである。

㈡天皇氏の内部での賜姓、つまり皇系氏族の新しい誕生というのも、天皇氏の勢力拡大を狙ったものだった。天皇個人から五代前後の代での賜姓の例が頻見されるが、これは皇系氏族の増大を狙ってのことだったのである。

このような情況が、想定されるのではないだろうか。

なお注目されるのは、賜姓されるということが、一種の褒賞だったことであり、名誉なことだと意識されていたことである。また、旧の氏族から出て新しい氏を興すということで、「賜姓」とはいうものの与えられたのは、姓だけではなく〈氏名＋姓名〉というかたちだったことである。

こうして氏名と姓名とは、本来的にはまったく別のものだったが、しだいに一体のものと意識され、やがては氏名授与だけでも賜姓ということになっていくのである。

冠位の制

大和朝廷の根幹だった氏姓《うじかばね・しせい》制度には、いくつもの重大な欠点があった。

その一つが世襲制である。朝廷に出仕して政務に与《あずか》るのは、各氏族の族長である氏上である。その氏上が無能であっても、朝廷での業務にあたるのは、その氏上でなければならない。これは逆にいえば、ただの族人である氏人は、たとえ才能を有していても、その才を発揮する機会を与えられないということでもあった。

また姓がきわめて多く、尊卑の秩序も明確ではないということもあって、朝廷での席次などでも、いろいろと問題が生じていたらしい。

そのような情況を解決しようとして、推古天皇の十一年（六〇三）十二月、聖徳太子がはじめたのが、冠位十二階制だった。従来の姓とは別に、十二段階の位階を設け、氏上、氏人の区別なく、その才能実力に応じて新しい位階を授け、その持てる才能を引き出そうとしたのである。氏姓制度の弊害である世襲制を打破し、人材の登用を図ったのだということができよう。

新しい位階の名称は、大陸から伝わってきたばかりの儒教の徳目があてられ、それぞれの位階に応じて、冠に付ける纓《えい》（飾り布）の色が、

徳《とこ》＝紫・仁＝青・礼《らい》＝赤・信＝黄・義＝白・智＝黒

と区別されていた。

位階には、それぞれ大と小とがあり、十二階となる。纓の色は同色ではあっても、大は濃く小は薄くと、色の濃淡で区別されていたらしい。

ちなみに大和朝廷では、「薬猟《くすりがり》」という行事があった。一年分の薬草を採集するというのが名目で、実際は群臣・女官がこぞって野に遊ぶことで、毎年の五月五日と定められていた。推古天皇十九年（六一一）の五月五日の薬猟では、群臣がすべて冠の色に応じた色の花を「髻華《うず》（花飾り）」として髪にさしていたという。このことは、冠位十二階制が、それな

りに機能していたことを示している。

位階を付した例として、大徳境部《さかいべ》臣雄麻呂《おまろ》・小徳平群《へぐり》臣宇志・小徳中臣連国《くに》、大仁上毛野君形名《かたな》・大礼小野臣妹子などが知られる。

冠位名がはじめに付され、〔冠位名＋氏名＋姓名＋実名〕の順となる。氏姓制度下での名乗りである〔氏名＋姓名＋実名〕に、冠位名をのせただけのことであり、従来の姓名は、そのまま残されていた。

推古天皇三十年（六二二）二月、聖徳太子は死んだ。それにともない冠位十二階制は、自然消滅への途をたどったと思われる。しかし聖徳太子の精神は、中大兄皇子に受け継がれた。蘇我氏を倒して大化改新を断行した皇子は、政界の改革を目指して、大化三年（六四七）、七色十三階制を制定したのである。

七色十三階制では、織冠・繡冠・紫冠・錦冠・青冠・黒冠の上位の六階までは大と小とがあったが、最下位の「建武」には大小はなかった。それぞれの冠の材質や冠に付ける繡《しょう》（飾り紐）の色で区別することになっていた。

しかし二年後の大化五年二月、七色十三階制は改定され、新しく以下に示すような十九階制が制定された。

大織冠・小織冠・大繡冠・小繡冠・大紫冠・小紫冠・大華上・大華下・小華上・小華下・

大山上・大山下・小山上・小山下・大乙上・大乙下・小乙上・小乙下・立身

当然、纓や繡による色分けがあったと思われるが、『日本書紀』には記されてない。

制定直後、「小紫巨勢臣徳陀」と「小紫大伴連長徳」の二人が、「大紫」に昇叙された。その他、新しい位階を名乗っている例は、

小華下三輪君色夫《しこふ》・大山上掃守《かもりの》連角麻呂・大山下高田首根麻呂・大乙上書直《ふみの》麻呂・小乙上岡《おかの》君宜《よろし》・小乙下中臣連老《おゆ》・小乙上掃守連小麻呂

と多い。しかし、いずれの名乗りも、〔冠位名＋氏名＋姓名＋実名〕の順であって、まだまだ姓名が世上に通用していたと考えられる。

それどころか次のように旧来の名乗りをそのまま用いていて、新しい冠位名を冠していない例も多い。

粟田臣飯虫・紀臣乎麻呂・三国公麻呂・巨勢臣薬《くすり》・氷《こおりの》連老人《おきな》・倉《くらの》臣小屎《こくそ》・猪名《いなの》公高見・三輪《みわの》君甕穂《みかほ》・草壁臣醜《しこふ》・大伴連狛《こま》・穂積臣噛《かむ》

これらの例から新しく制定された十九階制は、すぐには徹底しなかったことがわかる。それどころか、大錦上高向史玄理《たかむこのくろまろ》・小錦下河辺臣麻呂のように、七色十三階制の冠位をまだ名乗っている例もある。

このように制度が混乱した情況下の白雉五年（六五四）正月には、大化改新の際の功臣中臣連鎌足に紫冠が授けられた。十九階制では、最上位から五番目の位階である。功績に比すれば、決して高い位階とはいえない。このことから推察すると、最上位あたりの位階は、皇系氏族のみに授けられていたのではないだろうか。

天智天皇二年（六六三）八月には、倭の水軍が朝鮮半島に出撃し、百済国と同盟して唐・新羅《しらぎ》の連合軍と白村江《はくすきのえ》で戦って惨敗している。勝ちに乗じた唐・新羅が、いつ攻めてくるかわからないという翌年二月、また位階の制が改定された。十九階制を止めて、次のような二十六階制にしたのである。

大織冠・小織冠・大縫冠・小縫冠・大紫冠・小紫冠・大錦上・大錦中・大錦下・小錦上・小錦中・小錦下・大山上・大山中・大山下・小山上・小山中・小山下・大乙上・大乙中・大乙下・小乙上・小乙中・小乙下・大建・小建

同時に大氏の氏上には太刀、小氏の氏上には小刀、伴造氏の氏上には楯と弓矢とが、それぞれに与えられた。唐・新羅の連合軍の来攻が予想されるなかで、必死の防戦を命じたのかもしれないが、むしろ大化改新より以前の氏姓制度への復古の気配が、濃厚に感じられる改定だった。

天智天皇八年十月には、大化改新の功臣中臣鎌足が重病に陥った。これを知った天智天皇は、すぐに弟大海人皇子《おおあまのおうじ》を鎌足邸に遣わして病床にあった鎌足を見舞わせ、最高の冠位であった大織冠を授けた上に「藤原氏」という氏名を賜姓した。すでに氏名を与えることが、賜姓だったのである。

なお、「大織冠」という冠位を授けられたのは、史上では鎌足ただ一人である。このことから大織冠といえば藤原鎌足を指すことになる。またこのとき鎌足が与えられた姓名は、「藤原朝臣《あそみ》」だったと、『大織冠伝』には記されている。しかし同書はやや後世のもので、鎌足が賜姓された時期には、まだ「朝臣」という姓名はない。

いずれにしても日本の歴史に大きな足跡を残す大族藤原氏が、ここに成立したのである。そして翌日、藤原鎌足は死んだ。

姓制の改革

その二年後の十二月、鎌足の後を追うかのように、天智天皇も死んだ。そしてその翌年、壬申ノ乱が起こり、天智天皇の御子弘文天皇を破って、天智天皇の弟天武天皇が即位した。

その天武天皇は、治世の九年（六八〇）頃から、姓制の改革に着手している。同年四月十二日、以下の十四人に「連」を賜姓したのが、史料上の初見である。

錦織造《にしごりのみやつこ》小分《おわた》・田井直《たいのあたい》吉麻呂・次田《すいた》倉人・椹足《むくたり》・石勝・川内直県《かわちのあたいあがた》・忍海《おしみの》造鏡・足坏《あしつき》・荒田能麻呂《よしまろ》・大狛《おおこまの》造百枝《ももえ》・倭直龍《たつ》麻呂・門部《かどべの》直大嶋・宍人《ししびとの》造老《おきな》・山背狛烏賊《やましろのこまのいか》麻呂

この十四人のうち「造」姓が四人、「直」姓の者が四人いる。もちろん小氏族の氏上だったのだろう。この八人の姓が、一挙に「連」姓に昇叙されたことになる。

また氏名は名乗ってはいるが、姓は持っていない者が三人いる。この三人は氏人であって、氏上ではなかったと思われる。さらに姓名どころか、氏名すら名乗っていない者が三人もいた。これら六人も「連」という姓を与えられて、新しく成立した小氏族の氏上に、一挙に登用されたわけである。

このことからこの賜姓は、小氏族の氏上の昇叙と、有望な氏人を登用して朝廷に直接に従属させるということだったことになる。天武天皇自体の支持基盤の拡大が狙いだったのだろう。

翌十年十二月十九日、舎人《とねりの》造糠虫《ぬかむし》と書直智徳《ふみのあたいちとこ》の二人が、やはり「連」を賜姓されており、さらに同十一年五月十二日、倭漢直《やまとのあや》らが「連」に賜姓されている。これも同一線上の意図で行われたことだったと思われる。

そして天武天皇は同十一年十二月三日、

その氏人多き氏においては、すなわち氏を分かちて、あらたに氏を定め、氏上の名を申し送れ。

という詔《みことのり》を発した。

多数の氏人を擁している大族の氏上は、それだけ朝廷内での発言力も大きいことになり、それに比して天皇の影響力は小さくなる。だから大族の擁する氏人たちのなかから、しかるべき者を登用し、これを氏上とする新しい氏を成立させるというのである。大族の細分化と天皇の支配力の浸透を図ったものといえる。

一方では、小氏族の氏上たちの昇叙も行われ、同十二年九月二十三日には、次の三十八氏の氏上が、「連」を賜姓されたのである。

矢田部造・藤原部造・栗隈《くるくま》首・水取《もひとり》造・福草部《さいぐさべ》造・凡河内《おおしこうち》直・刑部《おさかべ》造・物部首・殿服部《とのはとり》造・倭馬飼《やまとのうまかい》造・山背《やましろ》直・葛城直・勾筥作《まがりのはこつくり》造・石上部《いそのかみ》造・門部《かどべ》直・鳥取《ととり》造・財日奉《たからのひまつり》造・穴穂部《あなほべ》造・大狛《おおこま》造・黄文《きふみ》造・白髪部《しらかべ》造・小泊瀬《おはつせ》造・薦集《こもつめ》造・埿部《はずかしべ》造・川内漢《かわちのあや》直・錦織《にしごり》

造・忍海《おしぬみ》造・百済造・檜隈《ひのくま》舎人《のとねり》造・秦《はだ》造・羽束《はつかし》造・川内馬飼造・来目《くめ》舎人《のとねり》造・倭直《やまと》・縵《かずら》造・語《かたり》造・文《ふみ》首・川瀬《かわせ》舎人造

同十月五日には、さらに次の十四氏の氏上に「連」が賜姓された。

三宅吉士《きし》・伯耆《ほうき》造・采女造・船史《ふねのふびと》・草壁吉士・壱岐史・阿直《あとき》史・高市県主《たけちのあがたぬし》・紀酒人《きのさかひと》直・吉野首・鏡作造・娑羅羅馬飼《さららのむまかい》造・磯城《しき》県主・菟野《うの》馬飼造

翌十三年正月十七日にも三野県主・内蔵衣縫《くらのきぬぬい》造の二氏の氏上に、「連」が賜姓された。これで「連」姓は全部で七十氏以上になったことになる。

八色ノ姓

天武天皇はその治世の十三年（六八四）十月一日、ついに姓制の改革を断行した。二十六階制にまで複雑に細分化してしまっていた姓を、次の八階制に整理したのである。

真人《まひと》・朝臣《あそみ》・宿禰《すくね》・忌寸《いみき》・道師《みちのし》・臣《おみ》・連《むらじ》・稲置《いなぎ》

八色《やくさのかばね》ノ姓である。

そして同日、次の十三氏の氏上に、「真人」を賜姓した。

守山公《もりやまのきみ》・路公《みち》・高橋公・三国公《みくに》・当麻公《たいま》・茨城公《むばらき》・丹比公《たじひ》・猪名公《いな》・坂田公・息長公《おきなが》・酒人公《さかひと》・山道公《やまじ》・羽田公《はた》

十三人の旧姓はみな「公」で、また全員が皇系氏族だった。

それから一ヵ月後の同十一月一日、大三輪君・阿倍臣・巨勢臣《こせ》・波多臣《はた》・膳臣《かしわで》・大春日臣《おおかすが》ら五十二氏の氏上に「朝臣」が賜姓された。

さらに一ヵ月後の同十二月二日には、伊福部連《いふくべ》・大伴連・佐伯連・阿曇連《あずみ》・靫丹比連《ゆきたじひ》ら五十氏の氏上に「宿禰」が賜姓された。これら「宿禰」を与えられた氏上のほぼ全員が、旧姓は「連」だった。それを四階級も上位の「宿禰」に昇格させたのである。天武天皇の狙いがどこにあったのか、察するにあまりある。

ところで四番目の階級にあたる「忌寸」の選考には、なにか問題があったらしい。ようやく凡河内連・倭連ら十一氏の氏上に「忌寸」が賜姓されたのは、翌十四年六月二十日だったからである。この十一氏の氏上もほぼ全員が、旧姓は「連」だった。それが三階級も上位の「忌寸」に昇叙されたのである。これにも天武天皇の意図が、如実に窺われるようである。

なお『日本書紀』では、「八色ノ姓」に関係した賜姓についての記述は、ここまでである。下位の道師・臣・稲置などの賜姓も当然行われたに違いない。しかし『日本書紀』では、道師・臣・稲置などの賜姓を記録するに値しないとみたのかもしれない。

以上の賜姓の諸例を見ると、すでに姓を持っていた氏上の場合、一ないし数階級も上位の姓を与えられており、また姓を持っていなかったことから氏上ではなく氏人だとわかる者にも、「連」などが賜姓されていることに気付く。このことから天武天皇が施行した八色ノ姓制は、旧来の豪族たちを味方に引き入れると同時に、自己の支持基盤の増大を図ったものということができよう。

かつて聖徳太子は、人材の登用、世襲制の打破を目指して冠位十二階制を創始した。しかし姓制の廃止をしようとはしなかった。賜姓という権能を持つ天皇の権威を否定しなかったのである。大化改新、壬申ノ乱、天武天皇の親政と続く過程で賜姓という権能を効果的に行使した天皇は、その権威をますます高めていた。そして姓名は天皇から賜わったものという意識が、完全に確立したのである。

三　戸籍を軸にした律令体制

藤原姓の誕生

いく度となく姓制《かばねせい》が改定され、一見、政治の方向が八色ノ姓《やくさのかばね》の制定に向かっていたかのようだったとき、氏姓制度を廃止して律令制度に転換させようというまったく相反する動きが着実に進んでいた。

すでに天智天皇は、治世の七年（六六八）、近江令を制定し、同九年には庚午年籍《こうごねんじやく》を作成していた。日本最初の戸籍で、永久に保存するよう命じられていた。天武天皇も治世の十年（六八一）、飛鳥浄御原《あすかきよみはら》律令の作成に着手しており、続く持統天皇の三年（六八九）には、同律令は施行されている。

このような情況下、当然のことながら人々の名乗りにも変化が生じていた。典型的な実例は、中臣鎌足が大織冠を授けられ、藤原と改氏したことである。先述したように、天智八年（六六九）十月十五日、鎌足が病床にあると知った天智天皇は、すぐに弟の大海人皇子（のち天武天皇）を大和国藤原（奈良県橿原《かしはら》市高殿町）の鎌足邸に派遣した。

このときの情況を『日本書紀』は次のように記している。

天皇、東宮大皇弟（大海人皇子）を藤原の内大臣（鎌足）の家に遣わし、大織冠を授け、大臣の位を与う。よりて姓を賜い、藤原の氏となす。

のちに強大な権力を握る藤原氏の「藤原」の由来が、鎌足が住んでいた地の地名だったことがこれでわかる。さらに注目すべきことは、「姓を賜う（賜姓）」といいながら、賜わったのが「藤原」という氏名《うじめい》だったことである。

前述してきたように、〔氏名＋姓名〕というかたちで、つねに氏名と姓名とは一緒だった。だから本来的には〝姓名だけを賜う〟という「賜姓」が〝〔氏名＋姓名〕を賜う〟という情況を経て、ついに〝氏名を賜う（改氏）〟ということに転化してしまっていたのである。

いずれにしても、古くからの名族だった「中臣」氏は、「藤原」氏となった（図2参照）。氏上（族長）の鎌足の氏名が「藤原」に改まったので、その氏人（族人）たちもみな「藤原」と名乗ることになった。その翌日に鎌足は死に、一子の不比等《ふひと》が「藤原大臣《おおおみ》不比等」と名乗ることになった。大族藤原氏の氏上になったのである。

そして文武天皇の二年（六九八）八月十九日、次のような詔勅《しょうちょく》が発せられた。

藤原朝臣（鎌足）に賜うところの姓、よろしく其《そ》の子《こ》不比等をして、これを承わしむべし。ただし意美麻呂《おみまろ》らは、神事に供するによって、よろしく旧姓に復すべし。

ちなみに「神事」は〝マツリゴト〟と読む。マツリゴトつまり祭祀が、もともとは政治だったのである。その祭祀を大和朝廷では、中臣氏が担当していた。そして大化改新の頃から、「政事」は政治と祭祀とに分立した。そして中臣氏は藤原氏となり、もっぱら政治を担当するようになった。結果として、祭祀を担当する氏は、一氏欠けたことになる。そこで文武天皇は、鎌足—不比等と続く嫡流を政治担当氏族としての藤原氏とし、庶流は旧の中臣氏に戻して、もと通り祭祀を担当させることにしたのである。

庶流の不比等の弟祭国子—意美麻呂の系統は、もとの中臣氏に戻り、京都の吉田神社や常陸国（茨城県）の鹿島神社の神職を世襲するようになった。吉田・鹿島などの名字は、これに由来する。

また鎌足の弟垂目《たるめ》の系統は、大中臣《おおなかとみ》と改氏して、藤原氏の氏社である春日大社（奈良県）

図2　中臣・藤原分流図

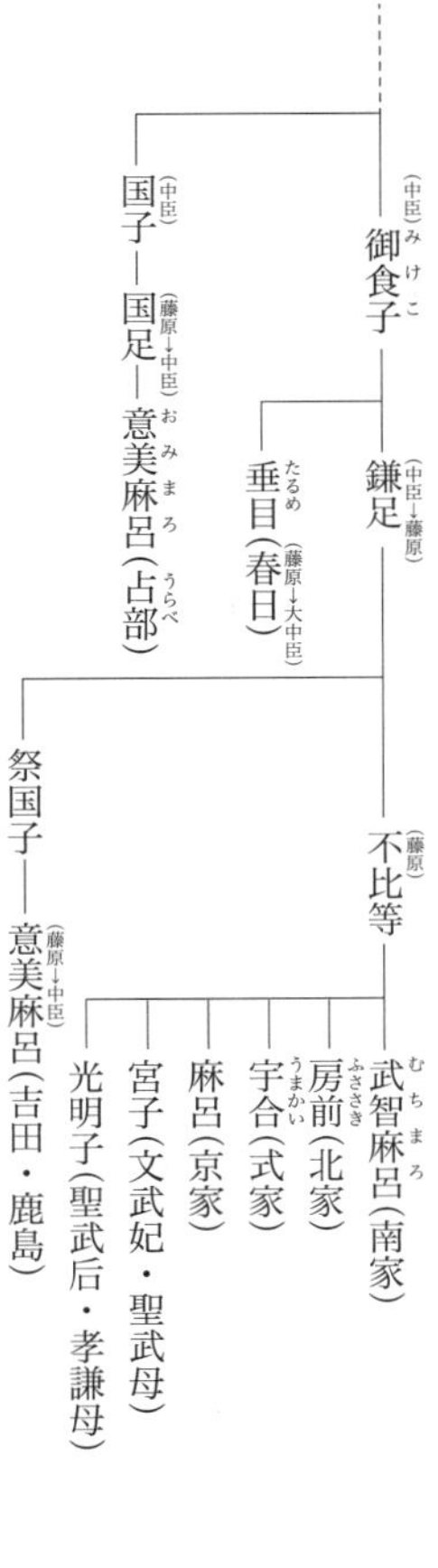

の神職を世襲して、やがて春日《かすが》という名字を名乗ることになる。

そして鎌足の叔父（父の弟）国子─国足の系統は、中臣氏に戻り、のち朝廷の神祇官に勤めて卜筮《ぼくぜい》関係を担当し、卜部《うらべ》あるいは占部《うらべ》（浦辺《うらべ》）を名字にするようになる。その庶流が世襲したのが、京都の梅宮《うめのみや》神社の神職である。

このように文武天皇の詔勅の結果、中臣─藤原と続いてきた大族は、政治を担当する藤原氏と祭祀を担当した大中臣氏、そして二流の中臣氏の四氏に分流することになった。

藤原氏の分流化、これこそが文武天皇の狙いだったかもしれない。大化改新での功臣であり天智・天武・持統と三代の天皇の殊遇《しゅぐう》を受け、藤原氏はきわめて強大になっていた。すでに、天皇が怖れるまでになっていたのである。

それから三年後の大宝元年（七〇一）八月三日、ついに大宝律令が完成した。律令制度が本格的にはじまったのである。律令の選定には、天武天皇の九男刑部《おさかべ》親王、藤原不比等らが担当していた。

この結果、氏姓制度は止揚されたわけだが、名乗りなどでは、まだ姓は用いられていた。神社の神職家などでは、かなり後世になってもまだまだ「宿禰《すくね》」などの姓名がみられた。

下総国葛飾郡大島郷の戸籍

和銅三年（七一〇）三月十日、都が平城京に遷された。律令制度を社会と政治の根幹とした奈良時代が、ここにはじまったのである。もちろん六年ごとに口分田《くぶんでん》を班給するため、ほぼ全国で戸籍が作成されたはずである。その戸籍の一つが、奈良の東大寺の正倉院に伝わっている。養老五年（七二一）に作成された「下総国葛飾郡大島郷戸籍」である。一家族ごとに家族の名前や年齢などが詳細に記されている。次に挙げる一家の検証を通して、当時の家族の成り立ちの一端をみてみたい。

甲和里
戸《へ》主《ぬし》孔王《あなほ》部《べ》小山　年肆拾捌（四十八）歳　正丁　課戸
妻孔王部阿古売　年伍拾弐歳　丁妻
妾孔王部小宮売　年参拾捌歳　丁妾
男孔王部忍羽　年弐拾弐歳　正丁　兵士嫡子
男孔王部忍泰　年漆（七）歳　小子　嫡弟
男孔王部広国　年伍歳　小子
女孔王部大根売　年弐拾漆歳　丁女　嫡女
女孔王部古富根売　年拾玖（十九）歳　次女
女孔王部若大根売　年拾伍歳　小女
女孔王部刀自売　年参歳　緑女

女孔王部小刀自売　年弐歳　緑女
従父妹孔王部小宮売　年参拾捌歳　丁女
従父妹孔王部宮売　年肆拾（四十）歳　丁女
姪孔王部手子売　年参拾弐歳　丁女

- 合□壱拾肆
  - □壱拾弐不課
    - □六丁女
    - □二小子
    - □二緑女
    - □一小女
    - □一次女
  - □弐課
    - □一正丁
    - □一兵士

律令制度では、男女の性別と年齢とによって、人々は表1のように区分されていた。そして二十一歳から六十歳までの男性、つまり「正丁《せいてい》」が租税や兵役などを負担することになっていた。この家族では十二人が「不課」、つまり租税などが免除されているが、正丁二人が

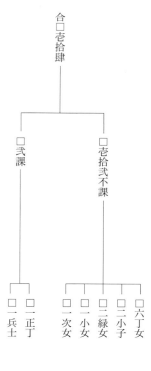

「弐課」となっていて、うち一人は兵士に徴用されている。

この家族が住んでいたのは、下総国葛飾郡大島郷甲和里だった。「葛飾」郡は、現在東京都葛飾区としてその地名は残っているが、いまの葛飾区よりも広かったと思われる。そして「大島」郷は、現在の江東区大島にあたるが、周辺までを含めてさらに広かったらしい。そして「甲和《こうわ》」里は、いまの江戸川区東・西・南・北小岩に比定される。

一番の働き手の長男が兵士に徴用されていたが、戸主(家長)一人のほか、成人した女性が七人もいたので、かなり裕福だったと考えられる。四十八歳の戸主は、五十二歳という年長の妻のほかに三十八歳という若い妾まで持っている。

表1　律令制下の年齢・性別による人民呼称

年齢	男	女
66〜	耆老	耆女
61〜65	老丁	老女
21〜60	正丁	丁妻
		丁女
17〜20	少丁	次女
4〜16	小子	小女
〜3	緑児	緑女

注目したいのは、その「妾」までも含んで全員が、「孔王部」という氏名を名乗っていることである。孔王部は、「穴太部」、「穴穂部」とも書く。第二十代の安康天皇が「穴穂尊《あなほべのみこと》」だったから、安康天皇の名代部《なしろべ》、つまり皇族の名を付した天皇家の私有民だったと思われ

る。『日本書紀』によると、安康天皇の跡を嗣立《しりつ》した弟の雄略天皇が、治世の十九年三月に穴穂部を設置している。

いずれにしても奈良時代の甲和里に住んだ一家は、男女の区別なく、全員が氏名を名乗っていた。その氏に属しているということを、租税や労働などを貢納する際にも明示する必要があったのだから、当然といえば当然のことだった。

このように奈良時代の地方農民が氏名を名乗っていたということから、さらに溯って大和時代にも男女の差や身分の区別なく、全員が氏名を名乗っていたと推定することも可能であろう。

なお、女性の名前の末尾がすべて「売」になっている。これは「比売《ひめ》」、つまり〝姫〟のつまったかたちであろう。本来の「姫」は、女性だというだけの意味だったのである。

橘氏の興隆

律令制度の時代になっても、まだ賜姓は行われていた。次の挿話は、賜姓がまだ褒賞だった一例である。

和銅元年（七〇八）十一月二十五日、元明天皇の御前で公卿たちの酒宴が開かれていた。このとき天皇は、盃に橘を浮かべて女官の県犬養《あがたいぬかいのみち》三千代《よ》に、橘は、果物のなかでも最高である。樹は冬の寒さを凌いで繁茂し、葉は寒暑に遭っても萎《しぼ》まず、珠玉と競って光り輝き、金銀とまじっていよいよ美なり。これをもって汝の姓として、橘宿禰を賜わん。

といい、姓として橘宿禰を与えた。

県犬養橘宿禰三千代は、天武・持統・文武と三代の天皇に仕えてきて、いまは元明天皇に仕えている。その間の彼女の忠節を賞して、〈氏名＋姓名〉のかたちの「橘宿禰」を元明天皇から賜姓されたのである。

この賜姓には、いくつかの点に注目すべきものがある。

律令制度の世になっても、まだ「宿禰」という姓が用いられていたことである。氏姓制度は、完全には廃棄されてはいなかったのである。

また賜姓されたのが女性であるということも、注目すべきだろう。さらには後世で「源平藤橘」という四主姓の一つになる「橘」姓が、ここに現れたということである。

なお「藤原」姓は、藤原という地名に由来していた。しかし「橘」姓は、ミカンの樹の強さと実の美しさに由来したという。恐らく三千代は身体強健で、その上、美しかったのだろう。

いずれにしても、氏名と姓名の区分はなくなり、「賜姓」というと、〈氏名＋姓名〉を与えることであり、氏名を指して姓名《せいめい》とさえするようになっていた。本書でも、このあたりから氏名《うじめい》のことを姓名と呼ぶことにする。

なお三千代に賜姓されたものは、彼女一代限りのものだったらしい。それは、彼女の死後の天平八年（七三六）十一月十一日、彼女の息子の葛城王・佐為《さい》王の二人が、「橘」姓を名乗ることとの許可を、ときの聖武天皇に申請しているからである。

ちなみに三千代の実家である県犬養氏は、その氏名が示すように、もともとは天皇家のために猟犬を飼育して訓練するのが、その職務だった。しかし宮城十二門のうちの一門の門衛警備をも任とするようになったので、その門を犬養門と呼ぶようになっている。

その県犬養氏の東人《あずまんど》の娘として生まれた三千代は、三十代敏達《びだつ》天皇から五代目の美努《みぬ》王と結婚して二人の男子を産み、やがて藤原不比等と再婚して、安宿媛《あすかひめ》・多比能《たいの》の二人の娘を産んでいる。

この間、天武・持統・文武・元明の四代の天皇に内命婦《うちのみょうぶ》（高級女官）として仕え、その功によって橘宿禰と賜姓されたことは先述してある。

その後も、さらに元正・聖武の二代の天皇に仕えて、天平四年（七三二）十二月十一日、正三位という位階を持って死んだが、葬儀は一位に准じて行われている。

不比等との間に儲けた安宿媛が、すでに聖武天皇の皇后光明子となっていたこともあって、翌五年十二月二十八日、従一位を追贈され、さらに後に正一位に追叙された上に、「大《だい》

図3　橘氏・天皇家関係図

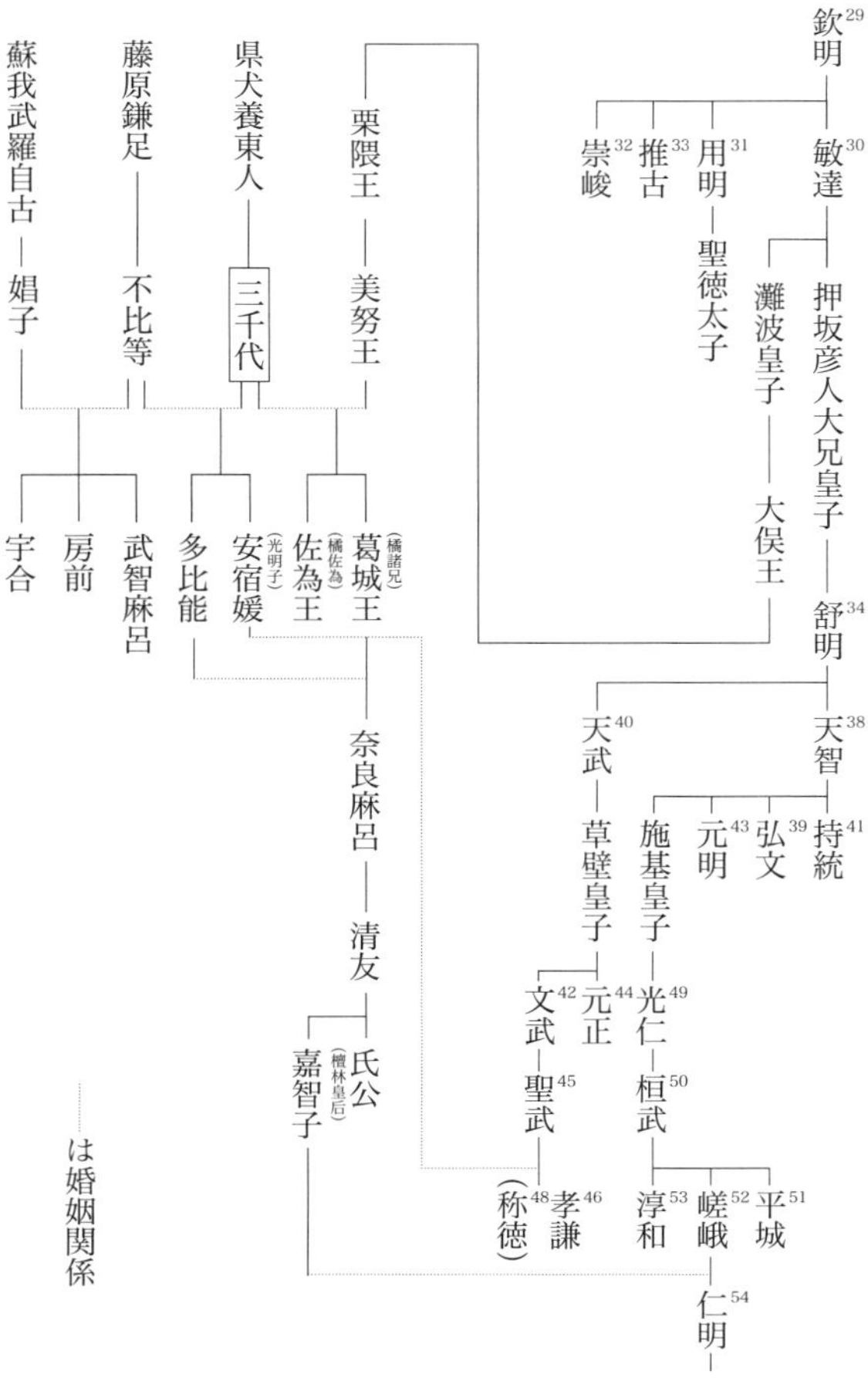
欽明 29
敏達 30
用明 31
推古 33
崇峻 32
聖徳太子
押坂彦人大兄皇子
難波皇子
大俣王
舒明 34
天智 38
天武 40
持統 41
弘文 39
元明 43
施基皇子
草壁皇子
光仁 49
元正 44
文武 42
桓武 50
聖武 45
平城 51
嵯峨 52
淳和 53
孝謙 46
(称徳 48)
仁明 54
栗隈王
美努王
県犬養東人
三千代
藤原鎌足
不比等
蘇我武羅自古
娼子
葛城王
(橘諸兄)
佐為王
(橘佐為)
安宿媛
(光明子)
多比能
武智麻呂
房前
宇合
奈良麻呂
清友
氏公
(檀林皇后)
嘉智子
……は婚姻関係

夫人《ぶにん》」の称も遺贈されている。

その三千代が先夫美努王との間に儲けた男子二人は、父が王号を持つ皇族だったから、王号が許されていて葛城王・佐為王と名乗っていた。

そして前述したように天平八年十一月十一日、この二人の王が、

故親母贈従一位県犬養橘宿禰三千代、いま継嗣なければ、橘宿禰を賜姓されし元明天皇の明詔の御趣意、失なわれんことを怖るるものなり。

と自分たち二人が「橘」姓を名乗ることの許可を聖武天皇に願い出たのである。

二人の願いは、すぐに許可された。こうして二人は、皇籍を離脱して、臣籍に降下した。亡母三千代の後光は、まだ射《さ》していた。なによりも異父の妹光明子が、ときの天皇の皇后だった。だから二人の願いは、通らないはずはなかったのである。

このとき弟の佐為王は、そのまま従四位上の橘宿禰佐為《すけため》となった。しかし兄の葛城王は、実名を改めて従三位の橘宿禰諸兄《もろえ》と名乗り、左大弁に任官して政界に打って出たのである。

そして翌年の天平九年（七三七）、思わぬ幸運が橘諸兄に訪れた。政界での競争相手だった藤原不比等の子四人全員が赤斑瘡《あかもがさ》（ハシカ）という流行病に罹《かか》って、相次いでこの世を去ってくれたのである。この間、諸兄の弟橘佐為も同じ流行病で死んだが、結局、諸兄は政界

に身を投じた直後に弟という貴重な味方を一人失ったが、政界に雄飛する好機を得たことになる。その後の諸兄の昇進は、目覚しいものがあった。

この諸兄の権勢を、歯噛みをして口惜しがったのは、故式家宇合《うまかい》の子、大宰少弐《だざいのしように》藤原広嗣《ひろつぐ》だった。諸兄勢力の排除と藤原氏の家運の挽回とを図って、天平十二年九月、ついに北九州で兵を挙げたのである。しかし、この広嗣ノ乱も鎮圧され、結果的に広嗣ノ乱は、諸兄の権勢をさらに強めることになった。

そして諸兄の異父妹光明子は、聖武天皇の皇后であり、孝謙女帝の生母だった。だから諸兄の立場は、盤石《ばんじやく》のように安定していた。奈良時代の中葉は、まさしく橘時代と呼び得るようなものだったのである。

四　財政難が招いた臣籍降下

異例の臣籍降下

奈良時代の大半の天皇は、天武天皇の系統だった。壬申ノ乱に敗れた天智―弘文天皇の系統は、まったく皇位に即《つ》くことができないでいたのである。しかし、この間の天武系歴代天皇の政治は、基本的に放漫財政策だった。浪費が多く、数多くの冗官を設けた。必然的に財政支出は、つねに巨額だった。そして一方では、しだいに律令制度は弛緩《しかん》してきていた。荘園という私領が増大し、これに反比例して税源である公領が減少していたので、必然的に租税収入は減少しつつあった。

神護景雲四年（七七〇）八月四日、この天武天皇系の系統が途切れるという事態が起こった。天武天皇系の称徳天皇（女帝）が崩御したのである。称徳天皇には、配偶者はいなかったし、当然のことながら、後嗣たるべき御子もいなかった。次の天皇になるべき皇太子も、決まってはいなかったのである。そして、その後の混乱を経て、天智天皇の末子施基《しきの》皇子の子でそれまで大納言だった白壁《しらかべ》王が次代の天皇に推され、第四十九代の光仁天皇として擁立されたのである。十代目ぶりの天智系の誕生である。

光仁天皇の政治は、天武系歴代天皇の政治の尻拭いだった。「省官簡務」を原則としたが、これは〝無駄な官職を省き、余分の役務を簡素化する〟という緊縮財政策だった。しかし緊縮財政策も光仁天皇の一代限りだった。天応元年（七八一）、子の桓武天皇が即位すると、放漫財政策に戻ってしまう。

このような情況下、桓武天皇は異母弟の諸勝《もろかつ》親王を皇籍から離脱させて臣籍《しんせき》に降下させ、広根《ひろね》諸勝と名乗らせた。同時に自分自身の皇子である岡成《おかなり》親王も臣籍降下させて、「長岡」と賜姓《しせい》した。先例のない画期的なことだった。律令制度では、天皇から五代目までは皇親であると定められていた。それなのに桓武天皇は、二代目にあたる二人を皇籍から離脱させたのである。

二親王の皇籍離脱、臣籍降下は、本人たちの望んだことでもなければ、褒賞でもなく、たんに皇室財政の節約が目的だった。大和朝廷の時代から皇族の皇籍離脱、臣籍降下というのは、褒賞であり、論功による行賞だったのにくらべると、きわめて異例といえた。天皇家の財政事情は、ここまで逼迫していたということになる。

しかしその後、桓武天皇は、長岡に遷都したり、延暦十三年（七九四）十月二十二日には、突如として京都に遷都したりして、さらに天皇家の財政を逼迫させた。この情況を打開するためか、同十七年閏《うるう》五月二十三日には、律令の継嗣令を改定し、天皇から五代目は王号を名乗るのはよいが、皇族としての特権的な待遇はしないということにした。

さらに延暦二十四年（八〇五）二月十五日には、百二人の皇族に皇籍離脱、臣籍降下を行った。あまりに人数が多かったので、一人一人の姓名を考えることができず、三園真人と近江真人が十七人、清海《きようみ》真人が十六人も出るなど、同一の姓名が与えられている。

源姓の賜与の実相

一挙に百二人もの皇族が臣籍に降下したのだから、残る皇族の人数も減少し、天皇家の財政事情も少しは好転したかとも思われるが、実際は違っていたらしい。

皇族の皇籍離脱は、それから以降も続々と見られる。まだまだ皇室財政は、逼迫していたのである。荘園という私領が増大し、天皇家の収入源である公領は、ますます減少していたのだから、百二人の皇親を臣籍降下させた程度の節約では、どうにもならなくなっていたのである。

この現状を改善すべく弘仁五年（八一四）五月八日には、第五十二代の嵯峨天皇が、四人の皇子と四人の皇女とを一挙に臣籍に降下させるという思い切った手を打った。とにかく、先例のない思い切った措置だった。前述したように現天皇の皇子が臣籍降下したというのは、桓武天皇の皇子岡成親王の例がある。しかし嵯峨天皇が行ったのは、実に八人もの子を、一挙に臣籍降下させたのである。

また、注目すべきことは、八人に賜姓された姓名が同一の「源《みなもと》」だったということである。同時に臣籍降下した皇族たちが、同一の姓名を賜姓されたというのは、先の百二人の例でみたようにさほど珍しいことではない。十七人あるいは十六人が、同一の姓名を賜姓されている。しかし後世の歴史に大きな足跡を残すことになる「源」姓が、史上に初めて現れたということに注目したいのである。

「源」姓については、中国魏《ぎ》王朝の歴史を記した『魏書』の「源賀伝」の項に、魏王朝の世祖が、同族河西王の子の賀を臣籍降下させて、西平侯龍驤将軍《せいへいこうりゆうじよう》に任じたとき世祖が、

卿《けい》と朕《ちん》とは、源を同《おな》じうす。ことによりて、姓を分《わ》かつ。いまより『源』を、氏《うじ》とすべし

といって、賀に「源」姓を賜与したという挿話が載る。

嵯峨天皇は、弘法大師空海・橘逸勢《はやなり》とともに「三筆」と謳われた能書家だった。当然のことながら中国の古典に通暁しており、もちろん『魏書』も読んでいたに違いない。だから八人の御子たちに「源」姓を賜与したとき、『魏書』に記されていた中国の故事も、もちろん念頭にあっただろう。しかし「源」姓を考えついたとき、『魏書』の故事だけに依っていたわけではなかったと思われる。

時代を下って江戸時代、谷川士清《ことすが》は自著『和訓栞《わくんのしおり》』で、「みなもと、『源』をよめり。『水元』の義なり」と解釈し、玉木正英という学者も、『神代巻藻塩草《じんだいのまきもしおぐさ》』という著書で、「『源』の訓《よ》みは、〝水元〟なり」と解している。

つまり「源」という語の意味は「水元」で、〝水源〟の意味である。最初はチョロチョロと流れる〝細流〟だが、しだいに水量が増加して〝川〟になり、ついには滔々《とうとう》たる〝河〟になる。

このような語源、語義あるいは情景が、嵯峨天皇の念頭にあったのではないだろうか。だから「源」姓を八人の御子たちに賜与したとき、

汝らは皇系なり。いま訳あって臣籍に下すも、もともとは同じ水源より発するなり。されば後世には大河のように繁栄し、もって天皇家の藩屏《はんぺい》たるべし。

という父親としての願いが、「源」という一文字に籠《こ》められていたと思われる。
なお、八人の子を臣籍降下させたときの嵯峨天皇が下した詔《みことのり》は、『類聚三代格《るいじゅうさんだいきゃく》』の巻十七に残っている。長文なので要点だけを意訳して抜き書きすると、次のようになる。

詔す、朕、嗣《つ》ぎて天位を践《ふ》むに、男女やや多く、いまだ子の道を知らず。かえって封邑を重ね、空《むな》しく府庫を費《つい》やす。よって親王の号を除き、源朝臣と賜姓せん。これ、朕、忍んで体余を廃絶し、枝葉を分流させるにあらず。もとより天地はこれ長く、皇家は永遠なり。あまねく内外に告げ、この意を知らしめよ。

弘仁五年五月八日

子が多くて、それぞれ「子の道を知らず」とされているが、これは親不孝だという意味ではない。「忍んで体余を廃絶し」とあるところに、子たちを臣籍降下させねばならない父親の複雑な感情がみられる。そして御子たちを臣籍降下させなければならない理由を、そうしないと「封邑を重ね、空しく府庫を費やす」こと、つまりは支出の節約が狙いだと、正直に告白している。
そして正直ということでは、「男女、やや多く」といっているのも、正直といえるかもしれない。直後、嵯峨天皇の子二十四人も相次いで臣籍降下していったのである。最初の八人と合わせると合計三十二人ということになる。そして嵯峨天皇は、弘仁十四年に譲位して嵯峨上皇となり、承和九年（八四二）七月十五日、五十七歳で死んだ。このとき、まだ臣籍降下していなかった親王が六人、内親王が十二人も残っていたというから、嵯峨院の御子は総計で五十人だったことになる。「男女やや多し」どころではなかったのである。

なお、臣籍降下した嵯峨院の子たちは、男女ともにみな一字名前だった。これが先例となって、その子孫末裔にいたるまで、みな一字名前を押し通すことになる。平良文と礼法に適った戦いをしたので有名な箕田宛《みたのあつる》、源頼光の郎等で鬼退治で知られる渡辺綱《つな》、源三位入道頼政の家臣の瀧口競《きそう》などがそれである。

相次ぐ源姓賜与

嵯峨天皇は、多くの皇族を臣籍降下させた。しかし天皇家の財政難が、それで解決したわけではなかった。とにかく荘園という名の私領が、燎原の火のように増大している。そして天皇家の収入源である公領は、これと反比例して減少している。収入が大幅に減っているのである。少しぐらいの節約では、天皇家の財政難は解決するわけはなかった。しかし当時の天皇家には、臣籍降下のほかに打つべき手は考えつかなかった。こうして皇族の皇籍離脱、臣籍降下は続くことになる。

そして臣籍降下の際には、当然のことながら新しい姓名を賜与しなければならない。しかし天皇家では、続々と臣籍降下する皇族に賜与する姓名が考えつかなかったらしい。こうして嵯峨天皇の先例に倣って、以降、続々と臣籍降下した皇族たちにも、ほぼ一様に「源」姓が賜与されている。必然的に「源」姓呼称の人々は、きわめて多人数ということになる。そこで系図を溯っていって、最初に突きあたる天皇を冠して、〝〜源氏〟と呼んでいる（図4参照）。〝〜源氏〟は、次の二十一流ある。

嵯峨源氏・仁明《にんみょう》源氏・文徳源氏・清和源氏・陽成源氏・光孝源氏・宇多源氏・醍醐源氏・村上源氏・冷泉《れいぜい》源氏・花山《かざん》源氏・三条源氏・後三条源氏・後白河源氏・順徳源氏・後嵯峨源氏・後深草源氏・亀山源氏・後二条源氏・後醍醐源氏・正親町《おおぎまち》源氏

先述したように嵯峨天皇の前後の頃の皇族の臣籍降下は、天皇家の財政支出の節約を図ってのことだった。とにかく荘園が増加して、公領を侵食していたのである。このような情況は、清和天皇の時期に摂関政治が成立すると、ますます拍車がかかっていく。藤原摂関家の荘園が、さらに増加していったからである。もちろんこれに反比例して天皇家の収入源である公領は、減少していくことになる。

このような情況について小野宮右大臣実資《さねすけ》は、『小右記《しょうゆうき》』に「天下の地、悉《ことごと》く一ノ家（摂関家）の領となる。公領は、立錐の地なし」と記している。かなり誇張があるが、基本的な情況としては、そんなところだった。

必然的に皇親の皇籍離脱と臣籍降下は、以降も続くことになる。そしてそのほぼすべてが、「源」姓の賜与だった。こうして〝～源氏〟というのが、続々と成立していくことになる。

このような〝～源氏〟たちのなかで異色だったのは、清和源氏である。財政逼迫を少しでも改善しようとする臣籍降下が続いているなかで、清和源氏だけは褒賞としての臣籍降下だったらしいのである。

やがて清和源氏の初代になる経基《つねもと》王は、平将門ノ乱が起こる直前、武蔵介に任じられて東国に下向したが、将門の武勇を怖れて京都に逃げ帰り、〝将門、謀反〟と報告した。しかしそれはすぐに嘘と判明し、誣言《ふげん》だというので経基王は、左衛門府に禁獄された。ところが直後、本当に将門ノ乱が起こった。たちまちに経基王の評価が急変した。〝先見の明あり〟ということで、追討軍の副将軍に任じられたのである。しかし将門と、本当に戦うことはなかった。経基王が現地に到着するより前に将門は戦死していたからである。

そして経基王は、続いて藤原純友追討軍の副将軍に任じられて、西海に下った。このときも経基王は、純友と直接に戦うことはなかった。経基王が現地に着任する前に、純友は死んでいたのである。結局、経基王の戦功は、純友の残党桑原生行を生け捕ったことだけだっ

図4　源氏関連天皇家図

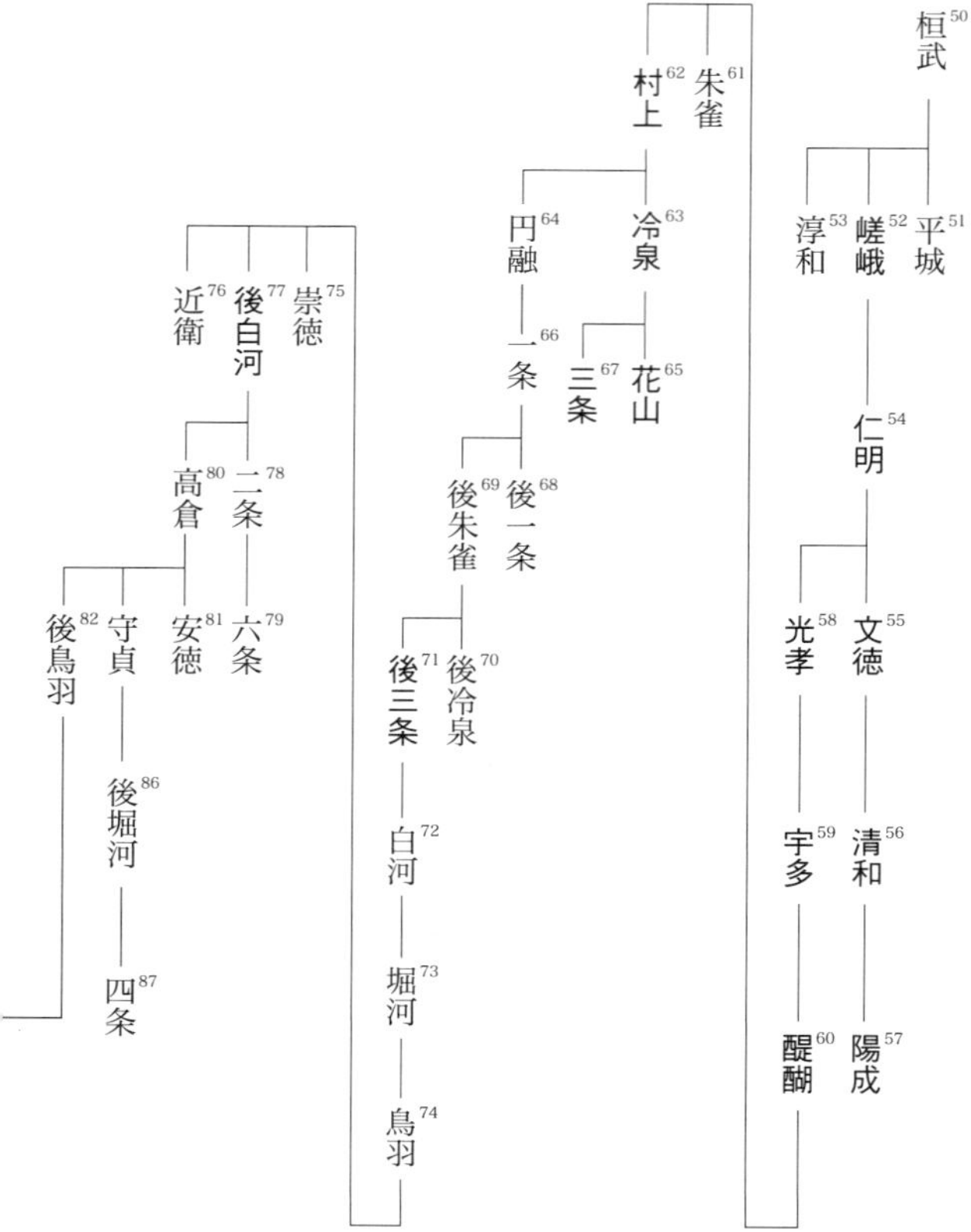
桓武 50
平城 51
嵯峨 52
淳和 53
仁明 54
文徳 55
清和 56
陽成 57
光孝 58
宇多 59
醍醐 60
朱雀 61
村上 62
冷泉 63
円融 64
花山 65
一条 66
三条 67
後一条 68
後朱雀 69
後冷泉 70
後三条 71
白河 72
堀河 73
鳥羽 74
崇徳 75
近衛 76
後白河 77
二条 78
六条 79
高倉 80
安徳 81
後鳥羽 82
守貞
後堀河 86
四条 87

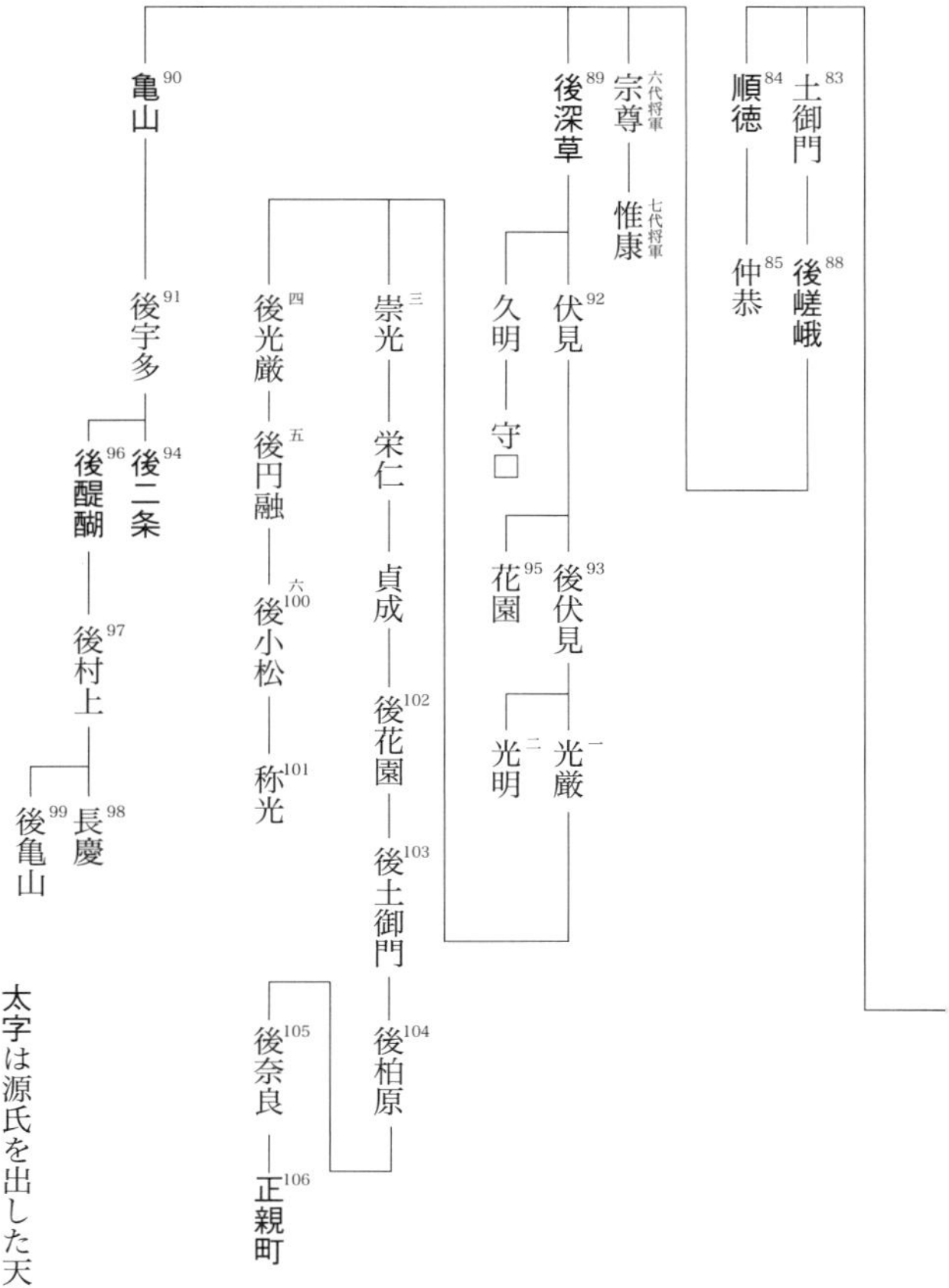

太字は源氏を出した天皇
一～六　北朝の歴代

た。しかし世評では、彼の「武勇」が鳴り響いていた。将門・純友両乱での「武勇」が認められて、経基王は臣籍降下したのだった。

その時期については、

・天徳五年（九六一）六月十五日（『尊卑分脈』『系図纂要』）

・天徳四年（九六〇）六月十五日（『続群書類従』所収「源氏系図」）

の二説がある。しかし天徳五年は、二月十六日に改元されて応和元年になっているから、天徳五年に六月十五日はない。つまりは経基王の臣籍降下は、天徳四年六月十五日ということになる。しかしそれでもなお、若干の疑問は残る。将門ノ乱を描いた『将門記』には、天徳四年よりも以前の時期に、経基王が「源経基」という名で記されているのである。

いずれにしても平安時代の前半、皇族が続々と臣籍降下し、それにつれて〝～源氏〟というのが相次いで成立していた。

臣籍降下からの脱却

ところが三条源氏が成立してから以降の約半世紀の間、異変が起こった。皇族の臣籍降下が、突然とまったのである。この間、〝～源氏〟の成立もまったくみられなかった。天皇家の財政情況が好転したわけではなかった。摂関政治が最高潮に達していた時期だったから、天皇家の財政情況はむしろ悪化していた。

それなのに皇族の臣籍降下が行われなかったのである。何故か。

臣籍降下とは別の方法が編み出されたのである。皇族を大寺院の門跡《もんぜき》に任じて送り出してしまうという手だった。皇族が門跡として送り込まれたのは、円融院・青蓮院《しょうれんいん》・実相院・円満院・仁和寺《にんなじ》・妙法院などだった。

この方式は、送り出した天皇家にとっても、送り出された皇族にとっても都合がよかった。たんに臣籍降下させるだけだったら、少なくとも一、二代の間だけでも天皇家は旧皇族を朝廷での官職に任じて、一定の収入があるようにしてやらねばならない。しかし皇族を門跡として送り込んだ寺院には、それなりに寺領などがあるから旧皇族が困窮する心配はない。また皇族を門跡として寺院に送り込むということは、皇族を僧侶にするということである。僧侶になれば肉食妻帯はしないはずだから子孫が生まれるはずもない。その皇族一代限りということになる。

こうして三条源氏が成立してからの約半世紀の間、皇族の臣籍降下がなかったのである。しかし、後三条天皇が即位した頃から、また天皇家に新しい動きがみられた。白河・鳥羽・後白河と、摂関政治にかわって院政が開始されたのである。院政を布いた院（もと天皇）たちは、みな財政窮乏の事態の原因を見抜いていた。そして事態の打開を果敢に図ったのである。具体的には、まず荘園整理令の強行だった。

荘園の立荘関係の証拠文書などを精査して不備が見つかった荘園を収公して、また公領に戻したのである。これは当時権勢を誇った藤原摂関家領の荘園も、例外ではなかった。むしろ摂関家領の荘園こそが、最大の狙いだった。ときの関白藤原教通《のりみち》領の荘園文書を、後三条天皇が特に厳しく取り調べたという挿話は、そのことを示している。

また院政を布いた院たちは、荘園を公領に戻そうとしただけではなかった。天皇家領の荘園を逆に造成しようとした。つまり院自身が、荘園領主になろうとしたのである。

律令制以来の建前では、日本の国土と国民とは、みな天皇家のものだった。だからこそ公地であり、公民だったのである。その公地と公民とを支配するはずの天皇家が、私地私民として天皇家領の荘園の造成を図ったのである。もともと公領の支配者だった天皇家が、荘園という私地の領主になろうとしたのである。

これより以降、財政上の理由での皇族の臣籍降下は、まったく行われなくなった。その必要がなくなったからである。のちに行われた皇籍離脱、臣籍降下と「源」姓賜与は、いずれも政治的な理由によるものだったのである。

平姓の賜与

源氏とくれば平家ということになる。しかし源氏は二十一流もあるのに平家は、

・五十代桓武天皇の系統の桓武平氏（図5参照）
・五十四代仁明天皇の末の仁明平氏

図5　桓武平氏関連系図

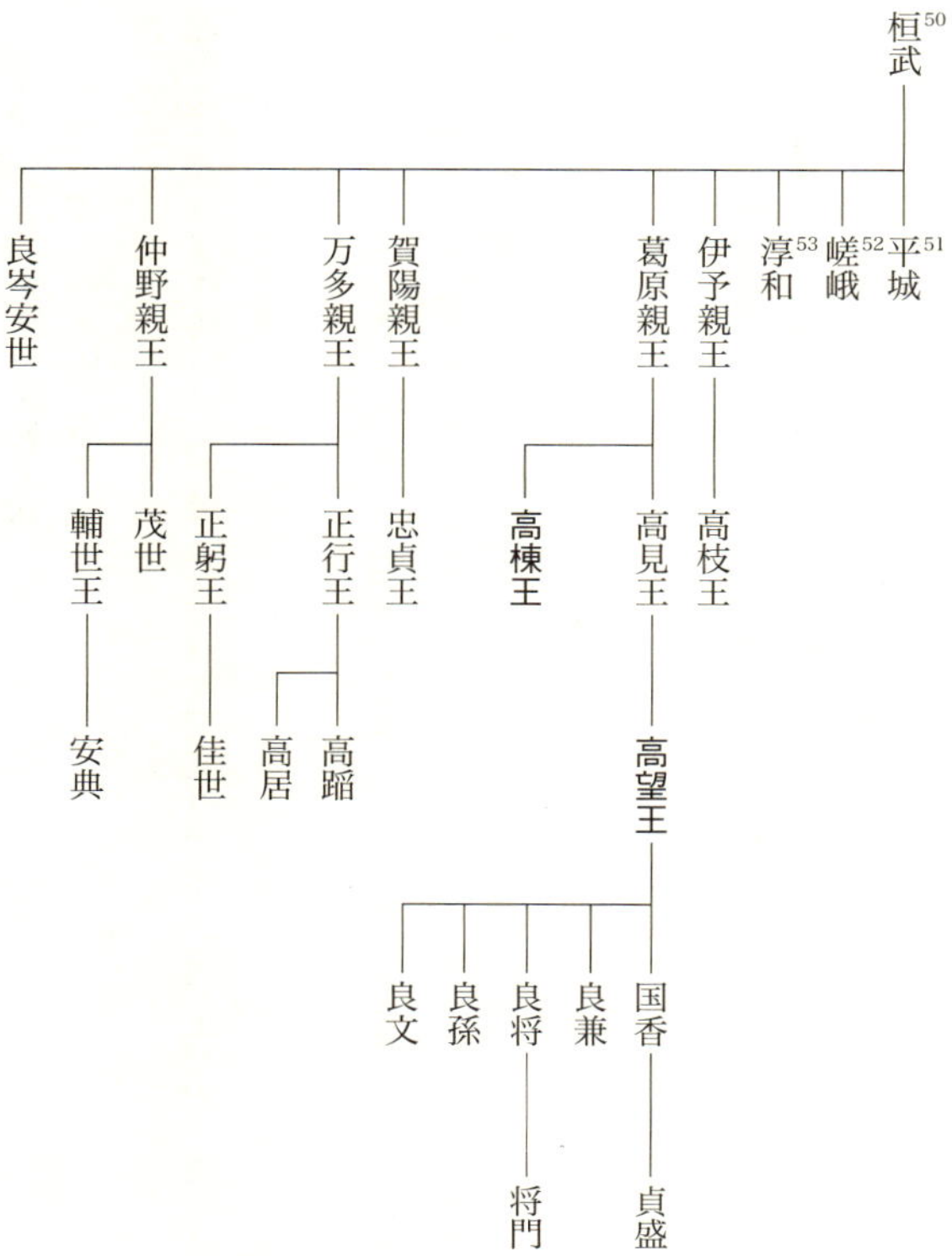
桓武 50
平城 51
嵯峨 52
淳和 53
伊予親王
葛原親王
賀陽親王
万多親王
仲野親王
良岑安世
高枝王
高見王
高棟王
忠貞王
正行王
正躬王
茂世
輔世王
高望王
高蹈
高居
佳世
安典
国香
良兼
良将
良孫
良文
貞盛
将門

・五十五代文徳天皇の末の文徳平氏
・五十八代光孝天皇の末の光孝平氏

と四流しかない。

「平」姓を賜与されて臣籍降下した最初は、桓武天皇の曾孫の高望王《たかもち》だと一般には信じられているようである。高望王の臣籍降下について、『続群書類従』所収の「平家勘文録」に、

寛仁元年（一〇一七）、民部卿の宗章が、天皇に対して謀反を企てた。それを察知した高望王は、機先を制して宗章を追討した。

その功によって高望王は、臣籍に降下することを許され、翌年の寛仁二年、「朝敵を平らぐるにより」、「平」姓を賜与されて、臣籍に降下した。

とある。

うまくできた挿話だが、「民部卿の宗章」という人物は実在せず、当然のことながら宗章の謀反および追討という事実もない。そして高望王の孫にあたる平将門は、寛仁二年よりも以前の天慶《てんぎょう》二年（九三九）に、すでに「平」姓を名乗っている。また寛仁二年より遥か以前に、高望王は死んでいたはずである。

したがって「平家勘文録」に記されている「寛仁二年」という文字は、「寛平二年（八九

○）」の誤写ではないだろうか。宗章の謀反および追討ということは、事実とは思われないが、寛平二年に高望王が臣籍降下したということはあり得たこととは思われる。しかし宗章の謀反および追討ということはなかったのだから、「朝敵を平らぐるにより」、「平」姓が賜与されたということも信じ難い。

それにしても注目すべきは、高望王の臣籍降下が、樹《た》てた功績に対しての褒賞だったとしている点である。この点、清和源氏の初代の経基王の臣籍降下も、同じく将門・純友両乱での功績に対する褒賞とされているのと、まさに同巧である。のちに源平合戦などで覇を競うことになる両氏が、自分たちの先祖の臣籍降下が諸源氏と異なり、樹てた功績に対する褒賞だと主張しているのは、微笑《ほほえ》ましい感もある。

しかし宗章の謀反および追討というのが事実無根ということになれば、高望王の臣籍降下、つまり桓武平氏の成立は、樹てた功績に対する褒賞だったという主張にも、いささかの翳《かげ》りが生じてくることになる。

ところで平安時代の正史である『日本紀略』によると、天長二年（八二五）三月十四日、桓武天皇の五男の葛原親王が、異母兄にあたる淳和天皇に、「我が男女の子、いつにみな『平』姓を賜わらんと欲す」と願い出たという。

ちなみに葛原親王の子女の人数は、まったくわからない。わずかに高見王・高棟王の二人の名だけが伝わっている。

その子女に対して、「平」姓を賜与して欲しいと、葛原親王は願い出たのである。子女の代での臣籍降下を、婉曲に願い出たということだろう。

いずれにしても淳和天皇は、これをその場で却下している。

しかし葛原親王は、諦めなかった。続いて同年七月六日にもまた、「我が子息を割愛して、王号を捨てんことを許されんと願う」と願い出たのである。

最初の申請は「男女の子」で、子女のすべてだった。そして今度の申請は「子息」で、しかも「子息を割愛して」だった。つまり男子のうち、一人だけという意味だった。

そういうこともあったのか、今度は許可された。「割愛」されたのは、次男の高棟王だった。「平」姓を賜与されて、平高棟となったのである。

この高棟王が臣籍降下した時期については、

・天長二年七月六日（『日本紀略』）
・承和十年（八四三）閏七月（『尊卑分脈』）
・天長二年閏七月二日（『公卿補任《くぎょうぶにん》』）

以上の三説がある。三説のうち、承和十年に閏月はないから、まず『尊卑分脈』の説が消える。しかし、「閏七月」というのは、『公卿補任』の説と一致する。そして『日本紀略』の説は、申請と許可と実施とが同日のうちに行われたとするのだから、これは信じ難い。ということになれば、高棟王の臣籍降下を葛原親王が願い出たのが天長二年七月六日、そして臣籍降下が実施されたのは、同年閏七月二日だったことになる。

先述したように、「平」姓賜与で臣籍降下した初例は、一般に高望王だとされている。高望王の臣籍降下が寛平二年だったとすると、高棟王の臣籍降下の方が、半世紀以上も早かったことになる。

それなのに、高望王の方が先だったと思われるようになったのは、何故だろうか。のちに高望王の系統の武家平氏が、六波羅平家政権を樹立している。そんなことが、関係しているのだろうか。

なお、高棟王は葛原親王の子で、高望王は孫である。当然、高棟王の臣籍降下の方が早かったと思われそうだが、そうはならなかったことが注目される。やはり平清盛による平家政権の樹立に世人は眩惑されたということだろう。

高棟王の臣籍降下については、さらに重大な問題がある。葛原親王が最初に「男女の子」の臣籍降下を願い出たとき、「平姓を賜わらんと欲す」といったことである。かつて嵯峨天皇が「源」姓を賜与したとき、「源」という文字に決めたのは嵯峨天皇だった。ところが葛原親王は、「男女の子」の臣籍降下を願い出たとき、あらかじめ「平」という姓名を用意していたことになる。そして淳和天皇は、高棟王が臣籍降下したとき葛原親王の申請通りに「平」姓を賜与したのである。

多くの源氏の臣籍降下は、財政的な理由からだった。しかし「平家勘文録」によれば、高望王の臣籍降下は、樹てた功績に対する褒賞だったことになる。そして高棟王の臣籍降下も父葛原親王が二度も願い出た上でのことだった。

このことは、事実だったらしい。『尊卑分脈』の高棟王の項に、「父の親王、しきりに表を抗して、平朝臣の姓を賜り、左京に貫す」と記されている。さらに『公卿補任』にも、「父の親王、しきりに表を抗して、平朝臣の姓を賜わり、左京二条二坊に貫す」と記されている。

桓武天皇の末裔が皇籍離脱、臣籍降下して桓武平氏を興したのは、自分たちの希望からだったのである。

五　源平藤橘の意味

「源」か「平」か

「源」姓は、中国の史書『魏書《ぎしょ》』の「源賀伝」に関係したと思われることは、先に述べた。臣籍《しんせき》に降下した時点ではただの水源だが、のちのちは大河のようになれという願意があったようである。それでは「平」姓は、どうなのだろうか。

先述の「平家勘文録」では、「朝敵を平らぐるにより」とあったが、宗章という朝敵は実在しなかったのだから、「朝敵を平らぐる」こともなかったことになる。他に「平」姓の由来を記した史料は、まだ管見《かんけん》には入っていない。

昭和に入って『姓氏家系大辞典』を著わした太田亮《あきら》は、

其《そ》の名称は、平安京（京都市）の本訓・タヒラより起る。蓋《けだ》し桓武帝・此の都を建てられしにより、其の子孫・此の氏を賜ひしならん。


と考えた。『日本史小百科七　家系』を著わした豊田武もほぼ同じように考えている。平姓のはじまりについては、明確ではないが桓武天皇が平安京の創始者であることから、平安の本訓タイラの語をとって、天皇の子孫の姓として与えたのであろうといわれている。

豊田が太田の説を下敷きにしているのは明らかである。桓武天皇が平安遷都をしたから、「其の（桓武）天皇の子孫」が、平安京にちなんで「平《たいら》」を賜姓《しせい》されたのだと二人は考えたのである。

しかし、これはおかしい。「桓武天皇の子孫」といえば、五十代桓武天皇から以降の天皇はすべて該当する。ところが平氏は、桓武・仁明・文徳・光孝の四天皇の系統からしか成立してはいないのである。さらに疑問となるのは、平姓四流のうち桓武天皇を除く三天皇からは、「平」姓だけではなく、「源」姓も成立していることである。

このようなことから太田・豊田両氏の説に承伏できなかった研究者たちの間に、いわば

「源平両姓選択必修説」とでもいうような説が漠然と浮かんできた。つまり平安時代の初期の頃、臣籍降下することになった本人あるいは本人の親が、源平両姓のうちからどちらか一方を自主的に選択することになったのだろうと考えたのである。

前述の葛原親王が、自分の「男女の子」の臣籍降下を願い出たとき、「『平』姓を賜わらんと欲す」といったのは、臣籍降下を婉曲に願い出たのではなく、「平」姓を選択したという意思表示の一実例ということになる。

ところが平成三年（一九九一）、国学院大学の林陸朗氏が、『日本中世政治社会の研究』所収の「桓武平氏の誕生」という論文で、仁明・文徳・光孝三流の平氏が誕生した頃、源平両姓を区分する明確な基準があったと指摘し、「この頃には一世（親王世代）、二世（孫王）の賜姓は源朝臣、三世王の賜姓の場合は平朝臣という区別があったように思われるのである」と主張した。

林氏のこの説を検証してみると、ほとんどが合致した。しかし、わずかではあるが指摘の通りではないものもあった。

桓武天皇の九人の皇子のうち、三人が皇位に即《つ》いた。平城・嵯峨・淳和の三天皇である。残る六人の親王のうち、三人の系統は平姓賜与だった。そして二人の親王の系統は、史料が欠けていて検証はできなかった。残る一親王だけが、林氏の指摘に合致しなかった。延暦二十一年（八〇二）十二月二十七日に臣籍降下した皇子は、「源」でも「平」でもない「良岑《よしみね》

（良峰）」姓を賜与されて良岑安世と名乗ったのである。

また仁明・文徳両天皇の系統は、指摘の通りだった。それぞれ親王世代と孫王世代での臣籍降下では「源」姓賜与であり、三代目の曾孫王世代では「平」姓だったのである。

光孝天皇の系統の場合でも、ほぼ指摘の通りだった。しかし例外はあった。林氏説にしたがえば「平」姓になるべき曾孫王の室明王が、「源」姓賜与だったのである。このような例は他にもあった。三条天皇の曾孫王の通季王、順徳天皇の曾孫王の忠房王と善成王などである。曾孫王だから指摘の通りなら「平」姓であるべきだが、実際は「源」姓だったのである。

以上のようなことからみて、次のように考えることができるのではないか。

弘仁五年（八一四）に嵯峨源氏が成立してから以降、これが先例となって「源」姓賜与が通例となった。ところが天長二年（八二五）、桓武天皇の孫の高棟王が臣籍降下して、「平」姓が賜与された。もちろん平安遷都に由来しての「平」姓だった。当時は平安遷都の感激や興奮がまだ醒めやらぬ時期だった。だから桓武天皇の孫王や曾孫王までが、「平」姓賜与だった。そして続く仁明・文徳両皇統の曾孫王まで「平」姓賜与となった。

ところが光孝天皇の曾孫王が臣籍降下した頃には、そろそろ平安遷都の興奮も醒めてきていた。まだ一部には「平」姓賜与もあったが、一方では「源」姓賜与も復活しつつあり、ついに光孝平氏の成立を前後として、以降、「平」姓賜与は行われなくなる。

つまり「平」姓賜与というのは、平安遷都による興奮があった時期だけのことで、いわば一過性の変則だった。興奮があった時期は、高棟王が臣籍降下した天長二年から、仁和二年（八八六）頃までということになる。延暦十三年（七九四）の平安遷都から約一世紀の間であった。

なぜ源平藤橘か

「四姓」という語がある。「源・平・藤（藤原）・橘」のことである。

「四姓」については、室町時代の文安元年（一四四四）に成立した『下学集《かがくしゅう》』に「日本の四姓は、源、平、藤、橘、これなり。いま俗に、四家の氏流をいうなり」と記されている。「日本の四姓は」という書き出しは、その前提に〝他国の四姓〟というものを念頭に置いていたことを示している。つまり「日本の四姓」は、外国の四姓の模倣あるいは影響の下に成立したことになる。日本の中世での〝外国〟といえば、中国・朝鮮、あるいは天竺《インド》ということになる。

そのインドには、バラモン・クシャトリア・バイシャ・スードラという四種制があり、これを「四姓《カースト》」としていた。そのインドの方式は、やがて中国で大きく換骨奪胎された。まず六朝《りくちょう》時代に、各郡ごとに名望家を「甲姓・乙姓・丙姓・丁姓」の四階級に区分し、これを「四姓」と呼んだ。この方式は以後に変質するとともに、以降の各王朝でも「四姓ノ制」として行われた。

〔後漢〕樊《はん》　郭　陰　馬
〔呉〕朱　張　顧　陸
〔晋〕雷　蒋　穀　魯《ろ》
〔後魏〕盧　崔《さい》　鄭《てい》　王
〔唐〕崔　盧　李　鄭

というものである。

中国の影響を受けた匈奴《きょうど》世界でも、すでに二世紀の頃「呼衍《ふえん》・須卜《しわぼく》・丘林・蘭」を「四姓」としていた。この風が朝鮮半島に及んだのは、やや遅れて十世紀の頃だった。高麗朝では、「柳・崔・金・李」を四姓として、四姓ノ制が取り入れられたのである。

いずれにしても東アジアのほぼ全域で、四姓ノ制が布かれたのである。当然のことながら日本にも影響を与えた。そして成立したのが、「源・平・藤・橘」の四姓である。

このとき、「藤原」が「藤」の一字に短縮されたが、これは日本の四姓が、一字名の朝鮮の風の影響下に成立したということを暗に示しているのかもしれない。しかし日本の四姓は、制度ではなかった。前述の『下学集』に、「俗に四家の氏流をいうなり」とある。日本の四姓は、「俗に」呼称したものだった。

ちなみにインドのカースト制は、厳格な序列のある階級制度だった。中国六朝時代の四姓には、文字通り「甲乙丙丁」の序列があった。そして匈奴や高麗の四姓にも、順序による等級があった。最初の氏《うじ》が最高位の家系として、特別に尊敬されたのである。宮中での席次も基本的にはこの順だったらしい。

しかし日本の四姓には、階級はもちろん序列や身分の差はなかった。「源平藤橘」とはいうものの源氏が最高というわけではなかった。東アジアの諸国の四姓のうち、日本の四姓だけは特異だったことになる。

それにしても「源平藤橘」という順序は、なにによっているのだろうか。たんにいい易いというだけではなく、この順序にはそれなりになにか意味があったのではないだろうか。「源平藤橘」という四姓の成立時期を記すと、次のようになる。

源　弘仁五年（八一四）五月八日
平　天長二年（八二五）閏七月二日
藤　天智八年（六六九）十月十五日
橘　和銅元年（七〇八）十一月二十五日

四姓をそれぞれ成立年代順にならべると、〝藤橘源平〟ということになる。いわゆる「源平藤橘」は、成立年代の順ではないことになる。

古代史研究の大家佐伯有清《ありきよ》は、『国史大辞典』の「四姓」の項目で、次のように指摘している。

四姓の呼称は、源清蔭・平伊望・藤原忠平・橘公頼が同時に台閣に列した延長五年（九二七）以降の朝廷における四氏の貴族としての伝統的な勢力の大きさにもとづいて、平安時代末期に成立したものであろう。

陽成源氏の大納言清蔭、桓武平氏高棟系の大納言伊望、藤原氏北家で左大臣から摂政に昇任する忠平、そして橘諸兄《もろえ》系の中納言公頼の四人がともに台閣にあったのは、延長五年から天慶二年（九三九）までの十二年間だった。この情況が崩れたのは、天慶二年十一月十六日、平伊望が死んだからだった。

佐伯の指摘によると、この十二年間の情況があって、それから二百年ほど後に「源平藤橘」の四姓が成立したということである。確かにこの十二年間が後世にまで大きく影響するほどのことがあったならば、「四姓」成立の原因になったかもしれない。しかし「十二年間」は、歴史的にはそれほどの意味を持たない十二年間だった。「十二年間」の台閣には、右大臣が藤原定方から同仲平を経て同恒久にかわるなどもあり、清蔭・伊望の大納言より上位の存在もあった。この四人だけで朝政を領導していたわけではなかったのである。その「十二年間」を、それから二百年ほどもたってから思い出して、「四姓」などとする必然性はまったく感じられない。

なお朝鮮半島に「四姓ノ制」が伝わったのは、高麗朝のときだった。そして高麗朝が成立したのは、日本の延喜十八年（九一八）六月だった。そして「十二年間」は、九二七年から九三九年のことである。日本が高麗からの影響を受けるには、やや早すぎるようである。

ちなみに小学館版の『日本国語大辞典』の「源平藤橘」の項に、「日本史上、一族が繁栄した源氏・平氏・藤原氏・橘氏の四氏の称」と記されている。源平両氏と藤原氏までは、確かに「一族が繁栄した」といえるだろう。しかし橘氏は、「繁栄した」といえるだろうか。

日本の古代、中世において、橘氏出身で史上に有名なのは、犬養三千代・諸兄・奈良麻呂・長谷雄《はせお》・逸勢《はやなり》・好古《よしふる》などがある。政治史や文化史の上で活躍した人物ではあるが、〝それなりに〟程度である。のちには楠木正成なども出るが、「四姓」成立後の人物である。要するに橘氏については、「一族が繁栄した」などとは、決していえるものではなかった。

それなのに「四姓」のうちに、何故、橘氏は入れられたのか。

同じような疑問を、江戸時代の本居宣長も抱いていた。『玉勝間《たまかつま》』のなかで、よに源平藤橘とならべて、四姓といふ。源平藤原は、中昔より殊に広き姓なれバ、さもいひつべきを、橘ハしも、かの三うぢにくらぶれバ、こよなくせば（狭）きを、此のかぞへのうちに入れぬるハ、いかなるよしにかあらむ。

と述べている。

なお「四姓」という語の史料上の初見は、管見《かんけん》によれば正治二年（一二〇〇）頃、非参議で従三位だった平基親が撰した『官職秘抄』に記された「外記の史、四姓源平藤橘を任ぜず」である。詔勅《しょうちょく》や奏文などの作成を担当する外《げ》記局《ききょく》の史生《ししょう》（文書事務官僚）には、四姓出身の者は採用任命しないことになっていると、いうのである。

なお外記局の長官である大外記という官職は、すでに一〇〇〇年頃より以前に、清原、中原の両家出身者が専当することになっていた。清原・中原両家ともに文官の家系だった。「四姓」出身は任じられないというのは、そのことと関係があるのかもしれない。

いずれにしても「四姓」とか「源平藤橘」という語の初見が、一二〇〇年頃に成立したものであるということは、注目すべきである。前年に源頼朝が死んで、二代将軍の源頼家が嗣《し》立《りっ》していた。つまり足掛け六年間に及んだ源平合戦が終わって、ようやく世上が平和になった時期だった。こういうときに至近の源平合戦を回想したのが『平家物語』だったとすれば、さらに遠く奈良時代にまで溯って回想し、それを一語に短縮したのが「源平藤橘」だとみるのは、僻目《ひがめ》であろうか。

つまり、「今は鎌倉幕府の源氏将軍の時代だが、一昔前は六波羅平氏政権の平清盛の時代で、その前は藤原摂関政治の時代で、さらにその前は奈良時代の橘諸兄の時代だったのだ」と、歴史を逆に辿って要訳した言葉だったのではないかと思うのである。そして、それより以前の大和時代にまでは溯らなかったのは、この時代の人々の歴史認識が及ばなかったせいかもしれない。

続いて成立したのが、「源平交替説」という考えである。かつて摂関政治の頃、源氏が擡頭した。しかし院政がはじまると源氏は凋落し、かわって平家が擡頭した。その平家が源平合戦に敗れると、源氏が鎌倉幕府を樹立したが、源氏将軍家は、三代にして断絶してかわって北条氏が権力を握った。その北条氏は、血統的には平家である。

このように過去を振り返ってみて、過去の歴史を理解する見方として、「源平交替説」が成立したのである。

ところが鎌倉末期に、源平交替説は変質した。過去を見る見方だったものが未来を予測する見方になったのである。そして北条氏（平家）にかわるのは源氏だということで、足利・新田（ともに源氏）が立った。そして足利氏の室町幕府の打倒を考えた織田信長は、平家を名乗った。やがて江戸幕府を樹《た》てるつもりだった徳川家康は、もとは加茂氏である松平姓を捨てて、新田系（源氏）の徳川と改姓したのである。

第二章　名字は自分から名乗るもの

一　史料で見る名字と苗字

奈良・平安時代の名字

「名字」と「苗字」、同じようでもあり、違うようでもある。三省堂版『広辞林』には、

みょうじ〔名字〕めう―〔苗字〕①姓《せい》。↕名まえ　②氏《うじ》から分かれ出た家々の名。源氏から出た足利《あしかが》・新田《にった》の類。武家階級の家家の名。

と記される。

わかったようでよくわからない説明である。公家には名字はないというのだろうか。また「名字」と「苗字」は同じなのだろうか。

ここでは、時代を追って様々な文献を使い、「苗字」と「名字」の実例を挙げ検証してみ

たい。

奈良時代の文献に、すでに「名字」という文字が散見される。

○右一首、依作者微、不顕名字

（右の一首は、作者の微によって、名字を顕さず）

『万葉集』一四二八の左注

○内相於国、功勲已高、然猶報効未行、名字未加

（内相、国に功勲、すでに高し、しかしなお報効はいまだ行わず、名字、いまだ加えず）

『続日本紀』天平宝字二年（七五八）八月庚子条

○天皇悦其功績、更加名字、号暴伐連

（天皇、その功績を悦び、さらに名字を加えて、暴伐《アダウチ》ノ連と号す）

『新撰姓氏録』左京神別上

○奉幣之時　宣命之中　雖公卿必書入名字

（奉幣の時、宣命の中、公卿といえども、必らず名字を書き入れる）

『中右記』長治二年（一一〇五）八月十三日条

○名字、二男義範、三男行範

『兵範記』仁平二年（一一五二）八月七日条

これらの例からもわかるように奈良時代の「名字」は、まだ「姓名」の意味だった。そして平安時代に入ると「名字」は「実名（個人名）」の意味に用いられるようになるが、半面、ただの事物の名称の意味にも用いられている。

鎌倉・南北朝・室町時代の名字

鎌倉時代になると、「名字」の用例が続出する。以下に示すように特に鎌倉幕府の半公的記録である『吾妻鏡』には、「名字」は頻出している。

○この名字、衆人、いまだ覚悟せず。……（中略）……毎度、両郷の名字戴す。

『吾妻鏡』治承四年（一一八〇）九月十日条

○老翁一人、束帯を正し笏《しゃく》を把《と》って、営中に……（中略）……候ず……（中略）……羽林、重ねて名字を問うのところ、名謁せず。
『吾妻鏡』養和二年（一一八二）五月十六日条
○関東御家人……（中略）……件の名字を一紙に載し、
『吾妻鏡』元暦二年（一一八五）四月十五日条
○甘縄の辺の土民……（中略）……戸を叩きて、この男の名字を喚ぶ者あり。
『吾妻鏡』文治元年（一一八五）十二月二十八日条
○行光、これを見て轡《くつわ》を廻して、その名字を問う。
『吾妻鏡』文治五年八月九日条
○姓名を注すべしとはいえども……（中略）……名字を漏らさる輩の子孫は、
『吾妻鏡』文治五年十一月七日条
○泰衡が幼息……（中略）……かの名字、若公と御同名たり。
『吾妻鏡』文治五年十一月八日条

○二品、すなわち彼の名字を、胤信に問わしめたまう。
『吾妻鏡』文治五年十一月十七日条

○男一人を搦め取る。これ反逆の余党の由を自称す。景時、名字を問う。
『吾妻鏡』建久二年（一一九一）十一月十四日条

○景良等、名字を問うのところ……（中略）……三浦次郎との由。
『吾妻鏡』建久三年七月二十六日条

○御名字定めあり。千万君と云々。
『吾妻鏡』建久三年八月九日条

○件の三十二人の名字、御書の端に載せらる。……（中略）……頼季浅海太郎、同舎弟等、公久橘六、
光達新三郎、
『吾妻鏡』元久二年（一二〇五）閏七月二十九日条

○知親、もと朝の字なり。美作蔵人朝親と名字着到の時、混乱するの間、これを改む。
『吾妻鏡』承元三年（一二〇九）八月十三日条

○名字を差して質券に入るるの上は、その所、知行の仁、沙汰を致すべし。
『吾妻鏡』宝治二年（一二四八）七月十日条

『吾妻鏡』には他に十例ほど「名字」という語があるが、ここでは省略する。多くはただの〝名乗り〟の意味であり、なかには幼名を含む実名（個人名）のこともあり、その底には知行している領地の地名という意味も看取される。

南北朝・室町時代には、「名字」の事例はあまりにも多い。

○近き傍《あた》りに左様の名字付きたる者あり。
『太平記』巻三

○御伴の人々の中に、名字さりぬべからんずる人。
『太平記』巻五

○其上執筆何者哉、可差申名字。
（その上、執筆《しゆひつ》は何者か、名字を差すべし）
『東寺百合文書』暦応四年（一三四一）

○不定給主領所名字、悉皆為院内、致取沙汰之処……（中略）……自今以後、如元不可定預所名字事
（給主の領所の名字を定めず、悉皆、院内として沙汰を致すのところ………〈中略〉……自今以後、元の如く預所の名字に定むべからざること）
『高野山文書』応永十二年（一四〇五）六月

○云当家名字、云如形所帯、永所令譲与
（当家の名字といい、形《かた》の如き所帯といい、永く譲与せしむるところ）
『櫟木文書』応永二十二年卯月二十九日

○可続彼名字他人之事、故彦太郎殿之可背素意之間、三郎新発意仙良房、可続名字。
（彼の名字と続くべき他人のこと、故彦太郎殿の素意に背くべきの間、三郎新発意《しんぼち》仙良房、名字を続くべし）

『高野山文書』応永三十三年十一月二十六日

○当此時　対逆等事　可断絶名字事

（このときにあたり、対逆などのこと、名字を断絶すべきのこと）

『新撰長禄寛正記』

以上の多くの実例が示すように、古代・中世においては「苗字」と書くことは皆無で、すべて「名字」だった。そして多くは武士の名前だったが、ときには幼名をも含む実名のこともあり、なかには地名を指す場合もあった。

江戸時代は苗字

近世江戸時代には、「苗字」が一般的だった。

江戸時代の本居宣長が著した『玉勝間《たまかつま》』には、次のように記されている。

藤原、源などは、世に同じ氏の人、数しらすおほかれば、その内を苗字して分ざれば、いとまぎらはしきままに、つねにその苗字をのみよびならひて、むねとなれる。これおのづから必しかるべきいきほひにして、今は此苗字ぞ姓の如くなれりければ、姓のしられざらん人などは、苗字を正しく守るべきわざなりかし。

さて、この苗字の苗ノ字は、よしなきことなり。こは、もと名字なりけむを、然《しか》書ては、名又あざなにまぎると故に、かきかへたる物なるべし。

また、儒学者伊勢貞丈《さだたけ》は、『貞丈雑記《ていじょうざつき》』で次のように記している。

苗字と云は、うじ也。たとへば伊勢、細川、畠山などの類也。苗字といふ子細は、稲・麦などの生へ初の時を苗《ナヱ》と云。其如く、先祖は其家々の苗の如し。其先祖の名乗り始たる氏なる故、苗字と云也。

苗字ト云字、古代之書ニハ見エズ。中古以来ノ事也。先祖ノ子孫ヲ苗裔ト云ニヨリテ、苗字ト云也。

荻生徂徠《おぎゅうそらい》の『南留別志《なるべし》』には、次のように記されている。

苗字といふ事は、室町期の比より起れり。鎌倉の代には、それぞれの住所にしたがひて、和田ともいひ、三浦とも称し、朝比奈ともなのりしを、太平記の比より、あらぬ国に住みながら、仁木、細川、佐々木なといひたりし。是よりして、おのづからに姓はかくれゆきたるなり。

滝沢馬琴の『燕石襍志《えんせきざつし》』には、次のように記されている。

玉海に安元三年四月二十日宣旨、依奉射神輿、給獄所輩とある条に、田使俊行字難波五郎藤原成直字早尾太郎など見へ又奥羽軍記に字荒川太郎斑目十郎など見へし。

江戸時代の碩学の指摘には、あたっていることもあるが、間違っていることもある。しかし、いずれにしてもいま姓氏の研究をしている身には、かなり参考になることが多い。

伊勢貞丈が指摘しているように、「苗字」という文字は古代・中世にはみられない。「苗字」は、近世に用いられた。本居宣長が、「藤原、源などは、世に同じ氏の人、数しらすおほかれば、その内を苗字して分ざれば、いとまぎらはしきままに」と指摘しているのは、一つの達見ではあるが、「姓名」と「名字」の区別も性格には把握してはいないようである。滝沢馬琴は、玉海（『玉葉』ともいう）のなかに、すでに名字を発見している。さすがである。

しかし江戸時代ではあっても、「名字」と書いた例が散見される。多くは読本《よみほん》・浮世草子あるいは狂言などにおいてである。

○かたがたの御名字は？
いや、名もなひ者でござる。
狂言「入間川」

○野沢政右衛門と名字を下され。
浮世草子『けいせい伝受紙子《でんじゆがみこ》』

○こはいかにと罵り騒げと、既に絳断《こときれ》たれば、名字を問はんよすがもなし。
読本『椿説弓張月』

○春草、秋鳥の名字をも、旅したる人にききつたえ。
俳諧『葛の松原』

江戸時代の人々にとって、「名字」という文字は、いわば古語だった。だから古代・中世を扱った作品に「名字」が用いられたのであり、また「名字」とすることによって、古雅な雰囲気を出そうとしたのであろう。

二　公家の名字、武家の名字

称号からの名字（公家の場合）

第一章でも述べたが、文武天皇二年（六九八）八月十九日、詔勅《しょうちょく》により「藤原」という姓が、不比等《ふひと》一人の系統に独占されることになった。その後、不比等の子四人が南家・北家・式家・京家を興し、藤原氏の繁栄がはじまる。しかし天平九年（七三七）、都で流行した病気によって四人は没した。

これ以降、藤原一族の苦難の時期がはじまり、かわって壬申ノ乱に勝利した天武天皇系統の歴代天皇の下、光明皇后の異父兄の橘諸兄《もろえ》や孝謙（称徳）女帝に寵愛《ちょうあい》された僧の弓削道鏡などが、権力を握っていった。

しかし天安二年（八五八）十一月七日、わずか九歳で清和天皇が即位したことで、藤原氏の勢力挽回に大きなはずみがついた。清和天皇の生母明子《あきらけいこ》の父ということで、北家藤原良房が摂政となったのである。人臣摂政の最初であり、摂関政治の開始でもあった。以降、藤原氏北家は、権力を握り続けることになる。つねに天皇の外祖父であるか生母の兄として、摂政あるいは関白だったのである。

必然的に朝廷の高位高官は、藤原氏一門が占めることになる。たとえば藤原道長が摂政だった長和四年（一〇一五）には、左大臣・右大臣・内大臣・大納言・権大納言など上位から八番目までの官職は、すべて藤原氏北家の公卿たちだった。そして三位以上の殿上人三十一人のうち、実に二十三人までが藤原一門だった。第一章でも述べたように、この時期、皇族であっても朝廷に仕えられなかったほど、藤原一門が朝廷の官職を独占していたのである。

当然のことながら、藤原一門は繁栄した。藤原一族は、京都市中に満ち溢れ、市中のどこの場所にも藤原姓の者が邸宅を構えていた。

このような情況下、藤原一族の氏人《うじびと》たちが互いを区別するために、その住邸の所在地の地名によって呼び合うようになった。これを、「称号」という。いずれも敬意を表すという意味もあって、邸の所在地の地名に「殿」の一字を付けて、「〜殿」と呼んだらしい。邸が一条大路に面していると「一条殿」、堀川大路ぎわにあると「堀川殿」、洞院大路ならば「洞院殿」と呼ばれた。

平安時代の「称号」には、次のようなものがあった。

富小路殿・坊城殿・桃園殿・冷泉殿・小一条殿・中山殿・日野殿・高信殿・武者小路殿・柳原殿・葉室殿・飛鳥井殿・山科殿・宇治殿・醍醐殿・姉小路殿・鳥羽殿・伏見殿・大炊《おおい》殿・西園寺殿・一条殿・二条殿・三条殿・四条殿・五条殿・九条殿・近衛殿

この時期、結婚すると、男は妻の家に住むのが通常だった。したがって父と子とが別々に住むということになり「称号」も父と子が別々となることも多い。同一の人物であっても、住所がかわれば「称号」もかわる。摂関家初代の良房は、最初は「白河殿」だったが、晩年には「染殿」になっている。また摂関家の復興に大きく寄与した忠実は、もとは宇治の富家殿に住んでいたが、保元ノ乱後には現在の京都市北区紫野の知足院に住んで、「知足院殿」になっている。

いずれにしても「称号」は、歴史上の人物の居住地を知ることができるので、研究者には非常にありがたい。

ところが平安末期から鎌倉初期にかけて母系制から父系制に移行し、夫が妻を訪問する妻問婚から夫が父の邸を相続し、そこに妻を迎え入れる妻取婚へと大きくかわる。その結果、いままで父子別々だった「称号」が、父、子、孫、曾孫と代々受け継がれることになる。こうして「称号」は、個人のものではなく、一定の家系の呼称になっていく。

これを藤原摂関家を例にみてみよう。

平安後期の忠通の長男基実から以降の嫡系は、かつて近衛天皇の皇居があった近衛町に住んで近衛家となった。忠通の曾孫家実の次男兼平《かねひら》は、鷹司室町に住んで鷹司家の初代となった。また忠通の三男兼実から以降の嫡系は、九条殿に住んで九条家となった。兼実の孫道家の次男良実は、東二条殿に住んで二条家を興し、三男実経は一条殿に住んで一条家の祖となった。

つまり忠通から五代目で、摂政家は近衛・鷹司・九条・二条・一条と五流に分立したことになる。そしてこの五流からしか摂政・関白は出せないということから、これを五摂家という。

このように、「称号」が個人の居住地に由来する呼称ではなくなり、一定の家系の呼称に転化したとき、公家の場合にはこれを「名字《みようじ》」と呼ぶ。そしてもともと居住地の地名だったから、かつての「称号」と一致することが多い。

なお、称号が名字に転化した後も高位の人に対する呼称として、引き続き居住地の地名に由来する称号は、依然として使われていた。次の例は、『親元日記』の文明十五年（一四八三）六月二十日条に記された室町幕府の前将軍足利義政と同夫人日野富子のものである。

大御所様ノ御称号は東山殿、御方御所様ノ御称号は室町殿、この分、お定まりの由

〝前将軍様〟とか〝将軍夫人様〟と呼ぶのは失礼だというので、称号が用いられている。このとき夫婦喧嘩をして別居中だったが、その呼称を幕府の重臣たちが、「称号」によると定めたものである。

所領の地名からの名字（武家の場合）

前述した九世紀頃の公家の居住地の地名を「称号」とする風習が、一、二世紀ほど遅れて東国にも影響を与えたようだった。東国の豪族武士たちが、自分の名前に地名を冠して名乗るようになったのである。「名字」と呼ばれた。

ちなみに公家社会の「称号」が「名字」に転化したことも先述したが、これは十二世紀頃のことだった。しかし東国での「名字」は、十世紀ないし十一世紀には、すでにはじまっていた。「称号」という段階を経なかったから、京都より早かったのかもしれない。うがって考えれば、東国での名字が京都に影響して、京都で「称号」が「名字」になったのかもしれない。

しかし公家社会の「名字」と武家の「名字」とは、まったく別のものだった。公家の名字は、もともとは住んでいる所の地名だった。しかし武家の名字は、本領の地名だった。住んでいるか否かよりは、そこから経済的な収益と軍事力が得られる場所だった。このような意味で、武家の名字のもとになった本領地のことを、「名字ノ地」という。これを武家は〝一所懸命ノ地〟として、命がけで守ろうとしたのである。

武家の世界での「名字」の史料上の初見は、『今昔物語』と思われる。たとえば桓武平氏高望王系（武家流平氏）の平良文が、嵯峨源氏の源充《みつぐ》と一騎打ちをしたという挿話では、良文は「村岡五郎」と名乗っており、充は「箕田《みた》源次」と名乗っている。

良文の名字「村岡」のもとになった「名字ノ地」については、

・埼玉県熊谷市村岡
・神奈川県藤沢市村岡
・茨城県旧千代川村字村岡

の三説がある。

また、允の名字の「箕田」のもとになった「名字ノ地」については、

・埼玉県鴻巣市箕田
・東京都港区三田

の二説がある。

村岡五郎平良文の甥（兄良将の子）が、有名な平将門である。その将門ノ乱の頃にも、いくつかの名字が見られる。

平将門は「相馬小次郎」と名乗ったといい、将門を討った藤原秀郷《ひでさと》は、「田原藤太」だった。それぞれの名字ノ地は、「相馬」は下総国相馬郡（千葉県）に、「田原」は相模国淘綾《ゆるぎ》郡田原郷（神奈川県）に比定されている。

前九年ノ合戦の模様を源頼義の軍功を中心に記した『陸奥話記《むつわき》』にも、いくつかの名字の例が見られる。内通を疑われて頼義に斬られた平永衡《ながひら》は「伊具十郎」で、実際に安倍側に与《くみ》して惨殺された藤原経清は、「亘理《わたり》ノ権太夫」と名乗っている。それぞれの名字ノ地は、「伊

具」は陸奥国伊具郡（宮城県）で、「亘理」は下総国亘理郷（千葉県）もしくは陸奥国亘理郷（宮城県）であろう。

また前九年ノ合戦では、源頼義麾下《きか》の源氏軍の武者たちより、途中から来援した出羽国の清原氏の軍勢のなかに、より多くの名字が見られる。それぞれの名字や姓名、名字ノ地などを列挙すると、次のようになる。

志万《しまの》太郎（橘貞頼）　山形県寒河江《さがえ》市島
荒川太郎（吉彦《きみこ》秀武）　山形県旧本庄村荒川
新方《しんかた》二郎（橘頼貞）　山形県酒田市新片
貝沢三郎（清原武道）　秋田県羽後町貝沢
斑目四郎（吉美侯《きみこ》武忠）　不明

続く『奥州後三年記』にも、名字に関するいくつかの例がある。「鎌倉ノ権五郎景正」の場合、名字は「鎌倉」で、名字ノ地は相模国鎌倉郡鎌倉郷（神奈川県）である。また「三浦ノ平太郎為次（継）」の場合は、名字が「三浦」で名字ノ地は相模国三浦郡（神奈川県）だった。

武士にとって、「名字」というものは便利だった。源平藤橘あるいは大伴《おおとも》・蘇我《そが》・物部《もののべ》などの姓名だけでは、人数が多すぎて相互に識別し難いのである。この点、名字は地名と一致するので、自他を区別するのに、とにかく便利だった。したがって十世紀後半頃、東国の武家社会ではじまった名字は、続く十一世紀、十二世紀の間に普及して一般化した。

しかし普及した理由は、たんに便利だというだけではなかった。

東国の豪族武士たちが名字を名乗るようになる十世紀後半から十一世紀にかけて、荘園寄進が盛んになる。これは偶然ではなかった。

荘園寄進とは、開発領主たちが、その開墾地が公領に組み入れられて租税が課されることを避けるため、当時免税特権を有していた大きな寺や神社あるいは有力な権門公家などに領地を寄進することである。

自分の領地を寺社権門の所領という名義を得て荘園化（立荘）して、自領を免税地にしてもらうのである。もちろん開発領主は、現地を支配管理する権限を留保しておかなければならない。そのため下司《げす》とか荘司という現地の役職に、任命されることが条件となる。同時に国家に租税を納めなくてもよくなったのだから、それよりは低額のものを寺社権門（荘園領主）に納めなければならない。いわば名義料である。

寺社権門に名義を借りるということは、法的には寺社権門領になったということである。寺社権門の力は強大である。領地を寄進した地方豪族たちは、うかうかしていると本当に領地を失いかねないことになる。そこに名字が発生した理由があった。領地を寄進した地方豪族たちは、その地名を名字として名乗ることによって、自領を名字ノ地として必死に守ろうとしたのである。

名字のもとになった「名字ノ地」は、本人や本人の父祖が下人所従あるいは一族郎等を率いて、命がけで開発した領地だった。その地名を名字として名乗るということは、自分が領地を有する領主であるということを、他に誇示することだった。そのような意味で、名字というのは神聖なものだった。

名字ノ地である本領に由来した名字を名乗っていた代表的な東国武士を源平藤橘の系譜で挙げれば、清和源氏では、常陸国佐竹郷（茨城県）の佐竹氏、上野国新田荘（群馬県）の新田氏などがある。

桓武平氏では、相模国三浦郡（神奈川県）の三浦氏、上総国（千葉県）の上総氏、下総国千葉荘（千葉県）の千葉氏、武蔵国秩父郡（埼玉県）の秩父氏、伊豆国田方《たがた》郡北条郷（静岡県）の北条氏、下野国足利荘（栃木県）の足利氏などが挙げられる。

秀郷流藤原氏（武家藤原氏）は、東国には多かった。相模国波多野荘の波多野氏、同国山内荘の山内氏、下野国小山荘の小山氏などがある。しかし、東国では橘氏は少なかった。管見《かんけん》の限り、伊豆国那古谷《なごや》郷を名字にした那古谷《なこや》氏だけである。

職名に由来した名字

伊藤や佐藤のように、「藤」の付く名字は多い。伊藤は、〝伊勢守藤原〟がつまったもので、伊賀守や伊豆守ではない。佐藤には、〝佐渡守藤原〟〝衛門佐藤原〟〝兵衛佐藤原〟〝下野国佐野荘司藤原〟の四説がある。いずれも朝廷での官職か荘園での荘司という役職に由来したもので、「藤」があるからには、もともとは藤原姓だったと思われる。

この種の名字と名字のもとになった官職などの主なものを列挙すると、

安藤―安房守に由来
雲藤―出雲守に由来
衛藤―左右の近衛尉に由来
恵藤・衛藤―衡藤の転化
遠藤―遠江守に由来
加藤―加賀守に由来
工藤―木工助に由来
近藤―近江守に由来
斎藤―斎頭《いつきのかみ》に由来
内藤―内舎人《うどねり》に由来

兵藤―左右の兵衛尉に由来
尾藤―尾張守に由来

などがある。

さて語弊を怖れずにいえば、いまの県庁にあたるのが国衙《こくが》（国府）だった。武蔵国とか相模国などに置かれていた役所である。そしていまの人事部とか経理課などの部あるいは課が、国衙では〝〜所《どころ・しょ》〟だった。この〝〜所〟に勤めたということからこれを名字にした者もいた。公田の田図などを扱った「田所」も名字となっている。税務を担当した役所は「税所《さいしょ》」だが、さすがにこれをそのまま名字にするのは憚《はばか》られたようで、名字化したときには「最所」とか「済所」あるいは「最初」「斉所」「撮所」と書いている。また治安維持を担当した役所は「武者所」だったが、これが名字化すると「武者」「武舎」あるいは「武捨」となった。反対に「蔵人所《くろうどどころ》」は、たんに「所」という名字になっている。

三　惣領家の名字、庶子家の名字

「本名字」と「新名字」

平安時代の末期から鎌倉時代の末期にかけて、東国の豪族武家社会での惣領《そうりょう》制では、分割相続が基本だった。父祖伝来の全所領は、惣領家が〝惣《すべ》てを領〟した。だからこそ、「惣領」家なのである。そして庶子家は、惣領家からその所領の一部を分割給与され、分与された所領の地名を名字として名乗った。その名字は、惣領家の名字を「本名字《ほんみようじ》」とすれば、「新名字《しん》」と呼ぶことができる。

惣領家から分与された所領を庶子家がさらに子女に分与していく。また「新名字」から「新々名字」等々が成立していくことになる。これを「田分け」といった。分割相続を何回も重ねれば、当然分与される所領は細分化されて、狭小の地になって貧窮化することになる。これが、「田分けの愚」、つまり〝ばか〟ということになる。

惣領家から別々の名字を名乗る庶子家の実例を、三浦氏で辿ってみたい（図6参照）。

三浦義明の長男義宗は、鎌倉に杉本城を築いて杉本太郎と名乗ったように、一族は次々に分与された地を名字ノ地とし、和田・金窪・高井・市川・大河戸・大多和・多々良などと、別々の名字を名乗った。そして義明―義澄―義村―泰村と続いた三浦一族全体の惣領家だった系統だけが、三浦と名乗って、三浦一族全体をたばねていたのである。

三浦一族の惣領家（族長）が名乗った一族全体の名字「三浦」を「本名字」とすれば、庶子家が名乗った杉本・津久井・大多和・多々良などが、「新名字」ということになる。

次に下野国足利荘（栃木県）を本拠とした秀郷流藤原姓足利氏一族の例をみてみる（図7参照）。一族は下野国だけではなく上野国（群馬県）にまで繁延し、源平合戦がはじまる直

図6　三浦氏分流図

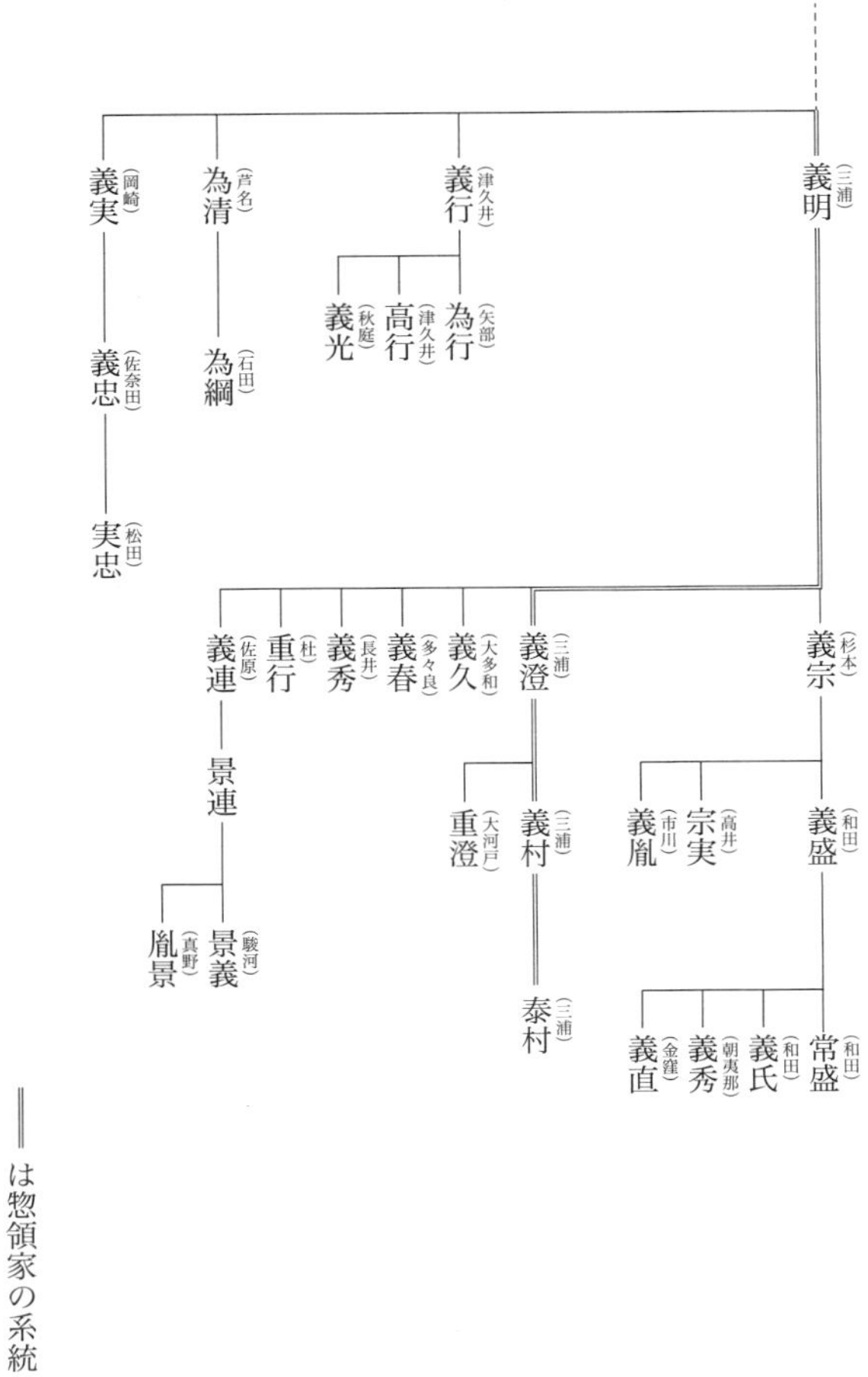
（三浦）義明
（津久井）義行
（芦名）為清
（岡崎）義実
（矢部）為行
（津久井）高行
（秋庭）義光
（石田）為綱
（佐奈田）義忠
（松田）実忠
（杉本）義宗
（三浦）義澄
（大多和）義久
（多々良）義春
（長井）義秀
（杜）重行
（佐原）義連
（和田）義盛
（高井）宗実
（市川）義胤
（三浦）義村
（大河戸）重澄
景連
（駿河）景義
（真野）胤景
（和田）常盛
（和田）義氏
（朝夷那）義秀
（金窪）義直
（三浦）泰村
‖は惣領家の系統

前には、同じく藤原姓だった小山氏とともに、「一国ノ両虎」と怖れられている。

藤姓足利氏の主要な庶子家の名字（「新名字」）には、下野国内では、佐野・木村・小野寺・梁田《やなた》などがあり、上野国内には、山上・園田・大胡・大室・深津などがある。

藤姓足利一族の惣領家は、厳密なまでに嫡系相続だった。源平合戦で平家側にまわった惣領家足利氏は滅んだが、源氏方として生き残って、かわって惣領家となった佐野流は、「足利」という本名字を名乗ることはなかった。

この後、足利荘は、藤姓足利氏の手から離れて、清和源氏流の足利氏の名字ノ地になった。

源姓足利氏の惣領家三代目義兼の生母は、尾張国熱田大宮司範忠の娘だったが、祖父季範の養女として育った。清和源氏全体の惣領だった頼朝の生母と義理の姉妹ということだったのである。そのような頼朝との血縁関係もあり、また源平合戦で早くから源氏方として戦ったこともあって、源姓足利氏は鎌倉幕閣では高い地位についていた。承久三年ノ乱（一二二一）では、義兼の子義氏が大きな戦功を樹《た》て、東海道の中央、三河国に大きな所領を与えられている。

こうして源姓足利氏の所領は、下野国・三河国（愛知県）から、さらに諸国に広がった。当然のことながら、庶子家の名字ノ地も諸国に広がっている。主なものに下野国では加古・小俣《おまた》・石橋、上野国には広沢・岩松・渋川、三河国では仁木・細川・矢作《やはぎ》・吉良・一色・吉

図7　秀郷流藤原姓足利氏分流図

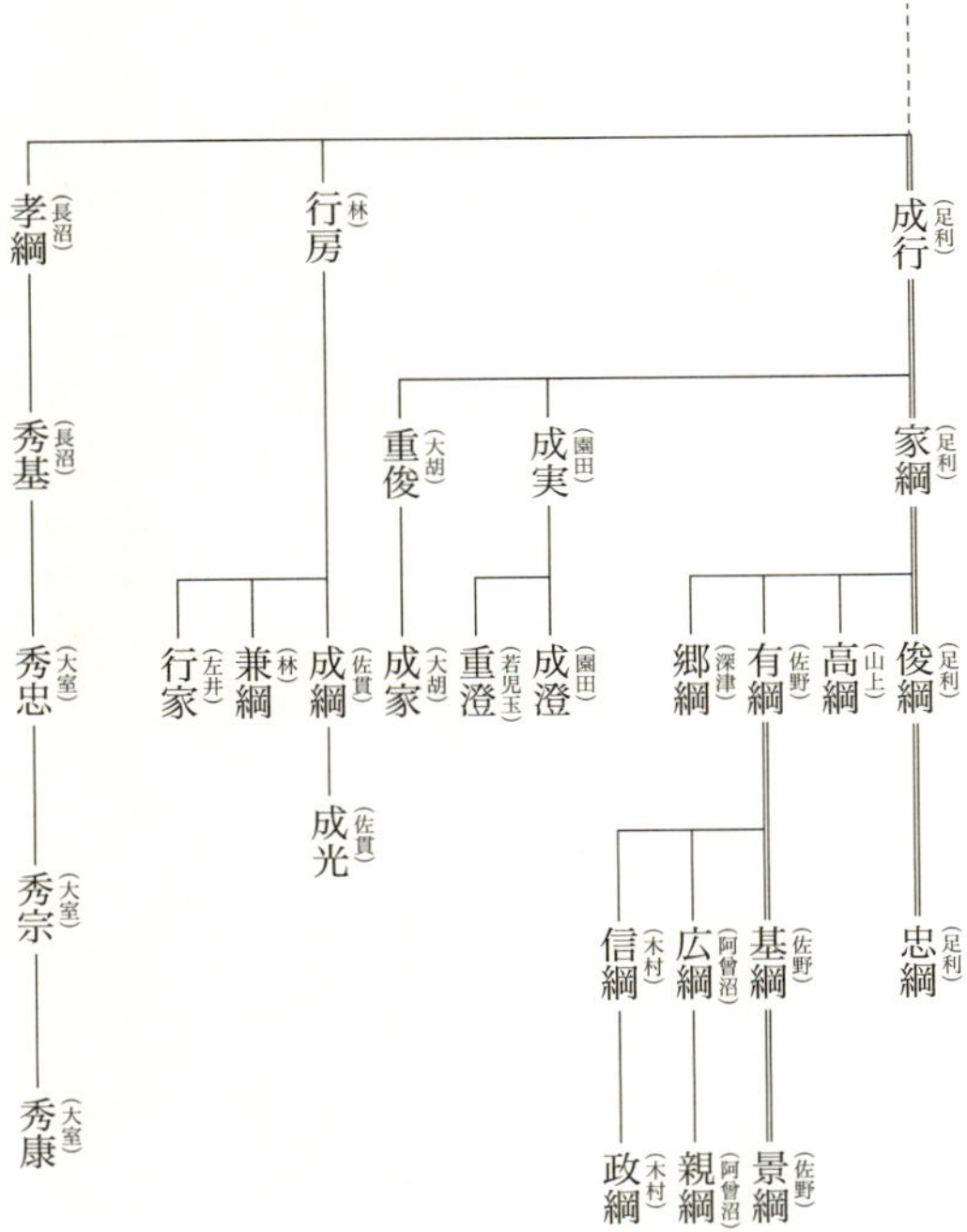

‖は惣領家の系統

田、武蔵国には畠山、丹波国には矢田などがあった。

そして源姓足利一族でも庶子家が「足利」を名乗ることはなかった。惣領家が、「足利」を完全に独占し続けたのである（図8参照）。

職名が名字になることは前述した。その職名に誇りを持って新名字とした例もある。安達氏・留守氏・少弐氏・三善氏についても触れてみたい。

蝦夷征討のために天平五年（七三三）に築かれた秋田城は、蝦夷征討がひとまず終了した平安中期になると、長官である秋田城ノ守は遥任と称して着任しなくなった。そして長官なしの次官である「秋田城ノ介《すけ》」を世襲したのは、平将門を討ち取った平貞盛の弟繁盛の系統の越後平氏だった。

越後国鳥坂《とつさか》（新潟県）に本拠を置いて越後平氏と称したが、世襲した秋田城ノ介という官職を誇りにして、「秋田」「城《じょう》」「城ノ介」を名字にした。しかし源平合戦に際して平家側になったため、結局は滅亡している。

かわって秋田城ノ介に任じられたのは、頼朝の側近安達藤九郎盛長の子、安達景盛だった。以降、景盛―義景―泰盛と続く安達氏三代が、「秋田」、「城」、「城ノ介」を新名字としている。

文治五年（一一八九）、奥州藤原氏が滅亡し去ると、頼朝は御家人の藤姓伊沢家景を、陸奥国の留守職《るすしき》に任じている。

図8　清和源氏流足利氏関連系図

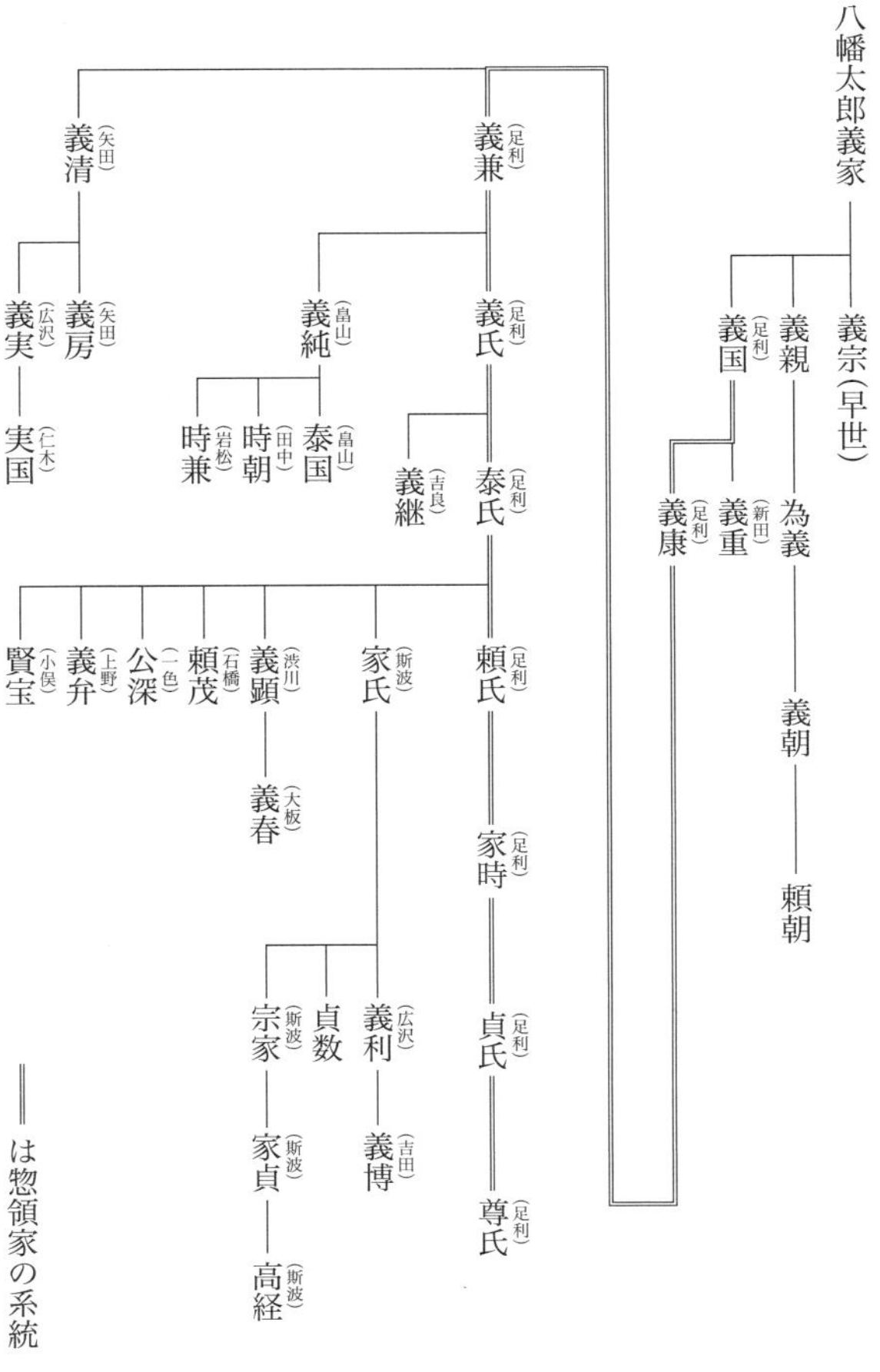

陸奥守に任じられた京都の公家は、大部分が陸奥国は遠すぎるとして、現地には赴任しようとはしなかった。その国司が留守になっている陸奥国の国衙を預って領導するのが、「留守職」である。国司不在のときの次官にあたるから、陸奥国では最高の官職ということになる。当然のことながら留守職を世襲した伊沢家景の子孫は、これを誇りとして「留守」という新名字を名乗ることになる。なお水沢図書館には、「留守氏系図」が残る。

九州全体を統轄する大宰府の大宰少弐に任じられた秀郷流藤原氏の武藤資頼は、もとは武蔵国の豪族だったと思われる。建久七年（一一九六）、頼朝に推挙された。長官である大宰帥《そち》は遥任して着任せず、次官頭首の大宰大弐も不在だったから、大宰少弐である武藤資頼が最高位ということになる。しかし資頼は、任地の太宰府よりも鎌倉にいることの方が多かった。大宰少弐は、子の資能―経資と世襲し、子孫は九州に土着して大宰少弐を世襲し、「少弐」を名字にしている。

鎌倉幕府の問注所の長官である執事という職は、三善康信以降その子孫が世襲した。そして「問注所」という新名字を子孫は名乗るようになっている。これも職名からの名字といえよう。

庶流の知恵が生み出した「複合名字」

甲斐源氏武田一族は、「源」というのが姓名で、常陸国武田郷に由来した「武田」が本名字だった。新羅《しんら》三郎義光の三男義清が、甲斐国市河荘（山梨県）に配流されたのちも「武田」と名乗り続けたが、その子孫は甲斐国内に勢力を拡大し、一条・板垣・逸見などのように、その居住地を新名字として名乗った。

当時はこのように「武田」という本名字から、一条・板垣というような新名字に簡単にかわるのが、普通に行われた。しかし過渡的な段階には、新名字の上に本名字を冠して名乗ることもあった。これを「複合名字」と呼ぶことができる。

たとえば上野源氏の新田氏の庶流に、新田大館・新田岩松・新田堀口などと名乗った例がある。大館・岩松・堀口などの新名字だけでは、世上に通じなかったからだろう。同じく新田氏の庶流里見氏では、さらに庶子家が分流したとき里見竹林・里見牛沢・里見鳥山・里見大島などと、複合名字を名乗った例がある。

桓武平氏三浦流でも三浦和田・和田高井という複合名字がみられた。しかし前者は三浦一族から和田氏が自立する過程でのことであり、後者も和田一族から高井氏が析出される過程でのことで、それぞれの自立が完成すると冠されていた本名字はとれて、それぞれ和田・高井という新名字だけになっている。

宇多源氏の佐々木氏の名字ノ地は、近江国佐々木荘（滋賀県）だった（図9参照）。鎌倉幕府が成立すると本領が京都に近いということで在京御家人とされ、京都に住むようにと命じられた。そして嫡流の泰綱の系統は、京都の六角堂近くに住んで「佐々木六角」と名乗っ

図9　宇多源氏佐々木氏系図

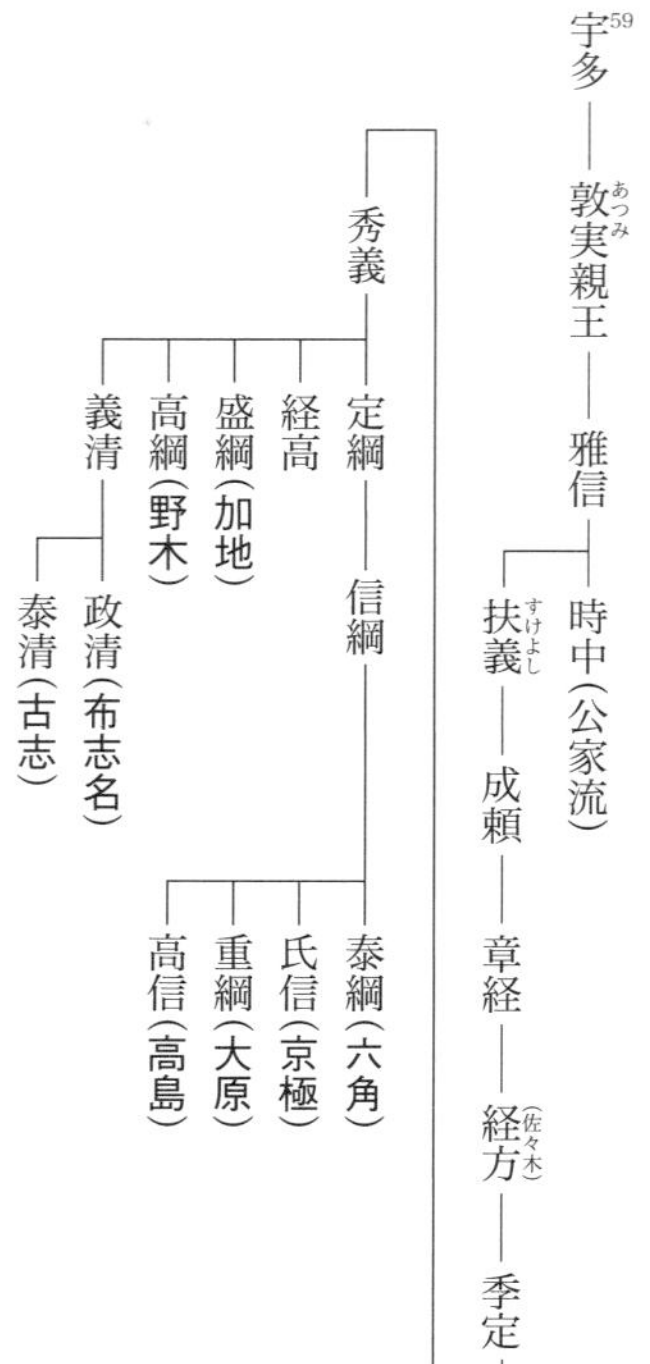

た。弟氏信の系統は、京都の東京極大路に面して住んだので、「佐々木京極」と名乗った。

源平合戦で有名な佐々木四人兄弟の異母弟佐々木義清の系統は、出雲国（島根県）に土着分流して、「佐々木布志名」「佐々木古志」という複合名字を名乗った。それぞれ布志名郷と古志郷を名字ノ地にしたわけである。

また肥前水軍で有名な松浦党では、「松浦相知《おうち》」「松浦鮎河」「松浦波多」「松浦鴨打」「松浦神田」「松浦三栗」「松浦多久」「松浦佐志」などの複合名字があった。

しかし全体として複合名字の例は、それほど多いものではなかった。そんななかで鎌倉北条一族は、赤橋・金沢・佐介など新名字の多い一族とされる。しかし「赤橋流北条氏」、「金沢流北条氏」、「佐介流北条氏」などと呼んで、〝北条赤橋〟〝北条金沢〟〝北条佐介〟などと従来の本名字を新名字に冠する複合名字化することはしなかった。鎌倉北条一族は全国に所領があったが、一族は鎌倉に住むことが圧倒的に多かった。したがって鎌倉北条一族の新名字は、鎌倉の地名に由来する赤橋・甘縄・大仏・亀谷・極楽寺・佐々目（笹目）・佐介（佐助）などのものと、所領の地名に由来する阿蘇―肥後国阿蘇郡（熊本県阿蘇郡）、伊具―陸奥国伊具郡（宮城県）、糸田―豊前国糸田荘（福岡県）などの二種に大別できる。こんな事情が、このような複合名字になった背景にあるのかもしれない。

四　頼朝による源姓の独占

御門葉ノ制の確立

鎌倉幕府を樹立させるには、源平合戦が必要だった。しかし「源平合戦」という言葉自体に、違和感がある。確かに敵味方の総帥は、源頼朝と平清盛（後半では平宗盛）だった。総帥というレベルでいえば間違いなく〝源平合戦〟だった。しかし源頼朝あるいは源範頼・源義経の指揮下で戦ったのは、多くは北条・三浦・畠山・千葉・上総・熊谷・江戸・葛西・川越などの桓武平氏の庶流だった。実際に戦った武士たちでいえば、この合戦は〝源平合戦〟ではなく、〝平平合戦〟だった。東国土着の桓武平氏の庶流が、京都にいた平氏の本宗家と戦ったのである。

また清和源氏の領袖たちの動きにも、不審なことが多かった。平氏を共通の敵としていたはずなのに一致して事にあたるということがなかったばかりか、ときには味方であるはずの頼朝に対してすら鉄面皮にも反抗したりしている。源氏の領袖たちは、必ずしも頼朝の味方ではなかった。頼朝の厳命に背いて後白河法皇から官位を拝領した義経も、同様だったといえるかもしれない。源平合戦は、一面では源氏一族間での覇権の争奪戦だった。つまり源平合戦は、〝源源合戦〟でもあったことになる。

このような情況下、頼朝は源姓呼称を制限するという政策を取った。頼朝本人と頼朝が許可した一定の者以外、「源」という姓名を名乗るのを禁じたのである。

一ノ谷合戦直後の元暦元年（一一八四）五月二十一日、頼朝は京都朝廷に「源氏一族のうち、範頼、広綱、義信の三人、よろしく一州の国司たるべし」という書を提出した。これに対応するように直後の同年六月五日には、京都朝廷で官職を任命する小除目《じもく》（臨時に開かれる除目）が行われた。頼朝の異母弟の蒲冠者範頼が三河守、故源三位入道頼政の五男太田広綱が駿河守、そして新羅三郎義光の孫大内義信が武蔵守に任じられた。続いて平氏滅亡後の文治元年（一一八五）八月十六日にも小除目が行われ、清和源氏の上野源氏新田氏の庶流山名義範が伊豆守、さきに武蔵守に任じられた大内義信の子惟義が相模守、下野源氏の足利義兼が上総介、甲斐源氏武田氏の庶流加賀美（小笠原）遠光が信濃守、そして同じく甲斐源氏武田氏の庶流安田義資が越後守に、それぞれ任じられたのである。

ちなみに上総（千葉県）・上野・常陸（茨城県）の三ヵ国は、天皇の御子の親王が国司に就任する（これは建前で実際には国司は置かれなかった）親王任国だった。したがって足利義兼が任じられた上総介というのは、長官（上総守）のいない次官ということで、事実上の長官（国司）だった。

つまりこの八人が、頼朝が朝廷に推挙した上で朝廷から国司に任じられた清和源氏の者という御門葉だった。

特権的な御門葉ノ制

御門葉に加わるということは、清和源氏の後裔〝頼朝の御門葉〟という血統を頼朝から認められたということであり、きわめて名誉なことだった。頼朝と同族だということで、特権的に「源」という姓名を名乗ることが許されたのである。新田・佐竹・武田・南部・多田・井上・村上・土岐など清和源氏の庶流には、大豪族も多かった。しかし頼朝から御門葉に指名されていない以上、彼らでも「源」姓を名乗れなかったのである。

なお、文治元年八月、五人が国司に任じられて御門葉になったとき、頼朝の弟義経も伊予守に任じられている。このことから義経も御門葉だったとみるむきもあるが、これは違う。この時期の伊予国（愛媛県）の知行国主は、後白河法皇であって頼朝ではない。したがって伊予守を推挙する権限を持たない頼朝が、伊予守を推挙することはできなかったのである。

いずれにしても御門葉に列せられるというのは、御家人社会では破格の名誉だった。文治元年九月三日、京都から届けられた頼朝の亡父義朝の首級が勝長寿院に葬られたが、鎌倉を挙げてのこの盛大な儀式で、境内に入るのが許されたのは御門葉とその他若干だけだった。また直後の同十月二十四日の勝長寿院の落成式では、数百人の御家人を率いて頼朝は式場に臨んでいるが、このとき頼朝のそばにいることが許されたのも、やはり御門葉たちだった。そしてこのような儀式があるごとに、御門葉は特別な名誉ある待遇を受けた。

なお、御門葉ノ制には、「准門葉」というものもあった。血統的に清和源氏でないと、大きな軍功や貢献があっても御門葉にはできない。そこでそのような者を頼朝は准門葉として、御門葉に准ずるような特別待遇で遇したのである。頼朝の乳母寒河《さむかわ》尼の子結城朝光、流人時代の頼朝に食料などを送った武蔵国毛呂《もろ》郷の領主毛呂季光、この時期に弓矢では日本一だった下総国下河辺荘の下河辺行平などである。すべて秀郷流藤原氏だった。

御門葉ノ制の源流

さて頼朝は、いかにしてこの御門葉ノ制を創始したのだろうか。前例のようなものがあったのだろうか。なにもないところから頼朝が考え出したとは、考え難い。

頼朝の時代に賜姓源氏諸流の上に立つ源氏の氏ノ長者は、村上源氏の土御門《つちみかど》通親だった。だから頼朝は、公家流の源氏の氏ノ長者の通親に対抗して、武家流あるいは清和源氏流だけの氏ノ長者というものを想定したのだろうか。

なお壇ノ浦で滅び去った桓武平氏は、全員が最後まで「平」姓を名乗っていて、そこにはなんの制限もなかった。全員が朝廷に仕えていたのだから、「平」姓という皇称を名乗るのは、あまりにも当然だった。

そこで気になるのは、清衡—基衡—秀衡—泰衡と続き、惣領家だけは「藤原」姓を名乗っていた奥州藤原氏である。庶流は、ほぼすべて名字を名乗っていたのである。奥州藤原氏庶流の名字と名字ノ地は、管見《かんけん》の限りでは次のようになる。

・西城戸《にしきど》（西木戸・錦戸）太郎国衡（柳御所の西門前、岩手県平泉町）
・比爪《ひづめ》太郎俊衡（比爪—岩手県紫波《しわ》町日詰《ひづめ》）
・新田冠者経衡（新田—岩手県紫波町日詰字新田）
・太田冠者師衡（太田—岩手県旧沢内村字太田）
・河北冠者忠衡（河北—宮城県旧若柳町河北）

・本吉冠者高衡（本吉―宮城県旧本吉町）
・和泉冠者忠衡（不明）

奥州藤原氏に御門葉ノ制のような制度があったかどうかはわからない。しかし惣領家だけが「藤原」姓を名乗り、庶流がみな名字を名乗っているという点に、かなりの類似がうかがわれる。そして、相模三浦一族・藤姓足利一族・源姓足利一族などでは、惣領家だけが本名字を名乗り、庶子家がみな新名字を名乗っていることは先述した。

御門葉ノ制によく似たものは、すでに豪族武士の社会に存在していた。これを頼朝は、一つの制度としたのかもしれない。

第三章　姓名と名字の存続を決めるもの

一　賜姓によって行われる改姓

改姓の権限は天皇の特権

奈良時代中葉から平安時代初頭にかけて、「賜姓《しせい》」という形式をとった「改姓」が、きわめて数多くみられる。ここではそれらの「改姓」について検証してみたい。

『日本書紀』には、大和朝廷の第十一代垂仁天皇の代に野見宿禰《のみのすくね》と当麻蹶速《たいまのけはや》とが、天皇の御前で組打ちをしたのが相撲のはじまりとされている。その野見宿禰は、垂仁天皇の皇后日葉酢媛命《ひはすひめのみこと》が没した際、皇后付きだった奴婢《ぬひ》たちが殉死することを改め、土製品を陵に立てたという。この発案が賞されて野見宿禰は、「土師宿禰《はじの》」と賜姓され、子孫は天皇家の喪葬関係を担当するようになったという。「野見」姓が「土師」姓に、「改姓」されたのである。

そして奈良時代末期の天応元年（七八一）六月、その子孫の土師宿禰古人《ふるひと》らは、桓武天皇に願い出て「菅原」と賜姓された。喪葬担当と結び付く「土師」姓を嫌って、居住地の地名の「菅原」に「改姓」したのである。この「改姓」も、天皇からの「賜姓」というかたちをとっていた。古人らが「土師」姓から「菅原」姓に「改姓」したとき、同族の土師宿禰安人《やすひと》らは、遠国にいたので、この恩典に浴することができず「土師」姓のままだった。もちろん安人らも喪葬と結び付く「土師」姓を嫌っていたと思われる。翌年の延暦元年（七八二）五月二十一日には、「秋篠《あきしの》」と「改姓」したい旨を願い出ている。そして天皇から、「秋篠」と賜姓されたと『続日本紀《しょくにほんぎ》』に記されている。これも「賜姓」という形式はとっているが、「改姓」だった。

平安時代の貞観八年（八六六）、讃岐国（香川県）の因支首《いきのおびと》道麻呂らは、「和気公《わけのきみ》」と「改姓」したいと願い出ている。その申請書は、那珂郡司・讃岐国司・民部省を経て、やがて太政官に上進されたことが、『平安遺文』一五二号に見られる。しかし、ときの清和天皇が許可したか否かは、わからない。いずれにしても「改姓」を朝廷に願い出たわけで、これも許可があればやはり「賜姓」という形式をとったものと思われる。

日本的姓名への改姓

この時代の「改姓」には、先述の「土師」が「菅原」と「秋篠」とに分流したように、それなりに複雑な経過を辿ることもあったが、その経緯の実例をいくつか簡略化して列挙すると次のようになる。

狛《こま》↓高麗《こま》・占部《うらべ》↓卜部《うらべ》↓吉田・宇佐↓和気・丈部《はせつかべ》↓長谷部《はせべ》↓長谷・多治比《たじひ》↓丹《たじひ》・秦《はた》↓波多・藤原部↓久須波良部《くずはらべ》↓葛原・上毛野《かみつけぬ》↓上野《こうずけ》・大枝《おおえ》↓大江・大伴《おおとも》↓伴《ばん》・石上《いそのかみ》↓物部《もののべ》・笛《ふえ》吹部《ふきべ》↓物部↓高原・土師↓菅原↓惟宗《これむね》・膳《かしわで》　↓高橋・服部《はとりべ》↓服部《はつとり》↓清原・伊《いん》↓五百木《いおき》・錦織部《にしごりべ》↓錦宿《にしごり》↓三善・久備↓久米↓村部・寒《さむ》↓佐備↓尾張・百済《くだら》↓多《さわ》↓多野《さわの》↓沢野・高階《たかしな》↓高・紀《き》↓越智《おち》・吉美侯《きみこ》↓君子

全体として「多治比」「吉美侯」「丈部」など大和時代からのものが消えていき、「高橋」「清原」「沢野」など現代でも通ずるような姓が現れてくる。

このような変化は、奈良時代中葉の聖武天皇の頃から平安時代初頭の嵯峨天皇の頃までのことだった。そしてこの時代は、中国の隋・唐の文化が日本に定着し、やがて独特の国風文化に昇華しつつあった時期でもあった。

このような文化的環境の中で、「改姓」ということが盛行したのだろう。つまり大和時代の姓名は、倭人の名前の発音に漢字をあてはめただけのものだった。「多治比」とか「吉美侯」などは、まさにそれだった。やがて中国から伝わった漢字が、中国語ではなく日本語として定着した段階で、日本的な姓名へという「改姓」が盛行することになったわけである。

制裁措置としての改姓

「改姓」には、犯罪者に対する制裁措置の一種という面もある。

江戸期の『類聚《るいじゅう》名物考』には、「罪人は姓名を変ず」とある。しばしば〝姓を奪う（奪姓）〟ともいい、〝籍を除《のぞ》く（除籍）〟ともいい、あるいは〝名を除く（除名）〟ともいい、〝姓を貶《とぼ》す（貶姓《へんせい》）〟ともいい、さらに〝醜い姓を賜う（賜醜姓）〟ともいい、ときには〝実名をかえる（改名）〟という措置をともなった。

ここでは制裁措置の一種とされる「改姓」について、道鏡が天皇位を得ようとした宇佐八幡宮神託事件（弓削道鏡事件）を中心に具体的にみてみよう。

神護景雲三年（七六九）、大宰府主神《かんつかさ》習宜阿曾麻呂《すげのあそまろ》が、道鏡を天皇にしたならば天下太平となる、という宇佐八幡の神託を称徳天皇（女帝）に奏上した。称徳天皇は、夢で八幡大神から姉の尼法均を宇佐八幡宮（大分県）へ遣わすようにとのお告げを受けたが、かわりに弟の和気清麻呂《わけのきよまろ》を遣わした。しかし称徳天皇が期待していた通りには、和気清麻呂は復命しなかった。激怒した称徳天皇は、「和気」姓を「別部《わけべ》」姓に「貶姓」し、「清麻呂」という実名を「穢麻呂《きたなまろ》」と「改名」させる。尼法均も還俗《げんぞく》させられた上に、実名の「広虫《ひろむし》」を、「狭虫《さむし》」と「改名」されている。

和気清麻呂の本姓は、「磐梨別公《いわなすわけのきみ》」だった。藤原仲麻呂（恵美押勝《えみのおしかつ》）ノ乱で樹《た》てた戦功を賞されて、翌年の天平神護元年（七六五）三月、「藤野和気真人《ふじののわけのまひと》」と「賜姓」されていた。

それがこの事件で称徳天皇の忌諱《きい》に触れ、「別部」と「改姓」されて無位の庶人におとされて、大隅国（鹿児島県）に配流されたのである。しかし、やがて天皇が死に道鏡が失脚すると呼び返され、旧の位階よりも高い「和気朝臣《あそみ》」と「賜姓」されたのである。

清麻呂の姓名は、

磐梨別公―（改姓により昇格して）↓藤野和気真人―（貶姓されて庶人となって）↓別部―（賜姓によって昇格して）↓和気朝臣

とかえられていった。

これを姓《かばね》という位階だけでみると、公↓真人↓庶人↓朝臣ということになる。「改姓」が二度、「貶姓」が一度だったが、すべて形式上は「賜姓」だった。

処罰ないし制裁措置としての「改姓」つまりは「貶姓」は、必ずしも多くはないが、宝亀四年（七七三）七月十七日に従四位下だった紀益人が位階を剝奪されて無位の庶人とされ、「紀」姓を「田後部《たしりべ》」姓に「貶姓」されている例や延暦六年（七八七）九月に藤原湯守が、「藤原」姓を「井出」姓に、そして貞観二年（八六〇）九月二日、中臣福成が「中臣」姓を「惟岳《これおか》」姓に、それぞれ「貶姓」されている例は確認できる。

僧尼の場合には、尼法均が還俗させられているように、「貶姓」する前に還俗させることになっていたらしい。源平合戦がはじまる直前の治承元年（一一七七）五月、後白河法皇の忌諱に触れた天台座主《ざす》の明雲僧正もやはり還俗させられた上で、「藤井松枝」と「改姓」と「改名」とが同時に行われ、伊豆国（静岡県）流罪となっている（実際には明雲僧正は、伊豆国に行ってはいない。伊豆国に向かう途中で比叡山延暦寺の僧兵たちが、明雲の身柄を奪い取っている。この事件が源平合戦の契機の一つになったことは、あまり知られてはいない）。

また皇族が処罰されるときには、先述の和気清麻呂の例でわかるように、一般人の身分におとされている。つまり皇籍離脱をさせ、もちろん同時に「賜姓」し、その上で処罰が行われている。

治承四年五月、後白河法皇の皇子の以仁王《もちひとおう》は、源三位入道頼政と図って、平家打倒の陰謀をめぐらしたが、事前に発覚したことを知って逃亡した。このとき朝廷では、以仁王を臣籍降下させて「源」姓を賜与し、実名も「以光《もちみつ》」と「改名」させた上で、あらためて追討令を発している。つまりは本人が知らぬ間に、「後白河源氏」が成立したことになるが、これは長くは続かなかった。直後の宇治川合戦で、以仁王（源以光）は戦死したのである。

以上の諸例から、次のようなことがみえてくる。

和気清麻呂を大隅国に流す前に貶姓し、明雲僧正を伊豆国に配流する前に還俗させて改姓し、以仁王を臣籍降下させて賜姓してから追討令を発している。つまり廷臣は廷臣ではなくし、僧侶は俗人にもどし、皇親は一般人にするということがあってから、処罰、制裁が行われたということである。だから貶姓という意味での改姓は、それ自体は制裁措置ではなく、制裁を行うための準備のようなものだったといえよう。

いずれにしても天皇家は、「賜姓」という権能を持っていた。それは行賞の場合にも用いられたが、制裁権発動の場合にも用いられた。特に後者の場合には、「貶姓」あるいは、「奪姓」と呼んだ。つまり源平藤橘などの姓名は、天皇との関係で用いられるものということになる。源平藤橘の四姓は、通常「公称」と呼ばれているが、天皇との関係からいえば〝皇称〟というべきかもしれない。

したがって鎌倉幕府の執権だった北条氏は、公的書類で「北条」と名乗ることはなかった。朝廷に提出する書類は、もちろん幕府御家人などに発する書類においても、つねに「平」と自著している。室町幕府の将軍足利氏も、公的書類では「足利」とは名乗らず、つねに「源」だった。織田信長も「織田」と名乗ることはなく、「藤原信長」と自署したり「平」姓を称したりしている。江戸幕府の徳川家では、諸大名に出す書類に「徳川」としたこともある。しかし朝廷に出す書類では、つねに「源」だった。

二　ときの権力によって左右される名字の存続

放氏と続氏

称徳天皇が和気清麻呂を別部穢麻呂としたことなどは、かたちの上では新しい姓名を与えるということで形式上は賜姓だった。しかし本姓をかえさせるということでは実質的には改姓であり、もともとからの姓名を止めさせるということでは、実際には奪姓でもあった。

このような天皇家が握っていた権限は、平安時代の中葉頃、各氏族の氏ノ長者の手に移っていた。これを「放氏」あるいは「取氏」といった。所属している氏族から氏人を追放することだった。氏ノ長者が一族を支配するため、氏人に対して握っていた制裁権だった。

放氏されると、氏姓の姓名は名乗れなくなる。その氏族が有していた特権も剥奪されることになる。朝廷への出仕も昼日中の外出もできないことになる。同族との付き合いが禁止され、同族から仲間外《はず》れにされる。なによりも自宅で謹慎していなければならない。そして放氏されて最も辛いことは、氏神・氏寺からの加護が得られなくなることだったと思われる。神や仏の存在が信じられていた時代に、それらから見放されていることになるからである。

したがって放氏されるということは、氏人たちには痛いことだった。そして一方では、放氏の権利を有する氏ノ長者の権力が強まることになる。

放氏の手続きは簡単だった。長者宣あるいは迎書《げいしょ》という書類を、氏ノ長者が氏人に発するだけですんだ。多くの氏族は自分たちの学院を持っているから、その学院で書類をつくって氏人たちに廻文（廻覧板）を廻してもよい。しかし多くの場合、氏ノ長者は事前に主だった氏人たちと協議して、その同意を取り付けていたらしい。

『朝野群載』巻七にある次の一通の迎書は、放氏の典型的な実例になる。

迎書
　勧学院に送る
藤氏の氏ノ長者藤原兼家の長者宣を受けて、以下のことを宣言す。
備前国鹿田荘（岡山県）は、藤原氏摂関家の御領なり。しかるに備前守藤原理兼は、数百人の兵を召し集めて同荘内に乱入し、摂関家に上納する予定の米三百余石を没収せり。これ藤原一族の末たりながら、祖宗の本志を破るは、まことに獅子身中の虫というべし。されば本系の氏を取り（取氏）、一族のことに与らしむるなかれ。一族の諸卿が詮議して、定むるところなり。すべからく後代に伝えて、彼の不義を懲らすべし。
　寛和二年（九八六）十一月二十日
　　摂関家政所別当藤原為信奉ず

やや長文だが、藤原理兼《まさかね》が藤原氏の氏ノ長者兼家の所領荘園で狼藉を働いたので、氏ノ長者から放氏する旨を記している。このとき一条天皇は、鹿田荘が兼家領であることを認めず、公領（天皇家領）とみなして国司である理兼に租税の徴収を命じていたのである。理兼は、朝廷から肥前守に任じられているのだから、朝命にはしたがわねばならない。しかし朝命にしたがって鹿田荘の租税を徴収したら、同荘を自領と見做している氏ノ長者に叱責され放氏されてしまったのである。

いずれにしてもこの迎書から、放氏の手続きの順序を知ることができる。

まず「一族の諸卿が詮議」して、理兼放氏と決定する。すると氏ノ長者兼家は、摂関家政所の別当為信に長者宣（通常は氏ノ長者の命令書のことだが、氏ノ長者が政所別当に口頭で命令を下すという場合もかなり多かったようである）を発する。氏ノ長者の命令を受けた政所別当は、氏ノ長者の命令を「奉じて」、迎書を執筆してこれを勧学院に送ったのである。またこの文書には記されてはいないが、迎書を受けた勧学院では、氏人たちに散状（廻覧板）を廻して、理兼放氏のことを知らせることになっていた。

なお氏ノ長者に放氏の権限があったということは、同時に放氏された氏人を許して、もとのように氏人の身に戻すという権限も持っていたことを意味する。これを「続氏」あるいは「継氏」といった。管見《かんけん》の限りでは、放氏があると、ほぼ必ず続氏があった。

放氏されていた期間が最も長かったのは、葉室流藤原氏の説方・説光の父子二代が放氏されていたものである。説方が放氏されているため次男惟頼は、父説方の弟重方の養子になって、ようやく「氏人に列す」ることが許されている。なお説方は、放氏されたとき頼佐と改名している。放氏された事情は不明である。

しかし放氏されていた期間は、他の例でみると、一般的にはさほど長くはない。だいたい半月ほどたつと、多くは続氏が許されている。

鎌倉時代末期の正和四年（一三一五）五月二十五日に放氏された参議正四位下の藤原頼実は、同年六月三日には続氏していて、すぐに朝廷に出仕している。また同六年五月三十日に放氏された大納言藤原師信は、同年六月十二日に続氏しており、室町時代の康永三年（一三四四）七月十日に放氏された権中納言藤原隆蔭は、同月二十八日には続氏している。

鎌倉・室町両時代には放氏が乱発されたが、多くはすぐに続氏していた。氏ノ長者の権力が、それだけ弱体化していたのだろう。

氏寺に移った放氏の権限

放氏の権限を持つ氏ノ長者の権力が、弱体化していたことをうかがわせる事件が、鎌倉時代の中葉に起きた。弘安七年（一二八四）九月十五日、勘解由小路《かでゆこうじ》流藤原兼仲が放氏された事件である。この経緯は、兼仲の記した『勘仲記』に詳述されている。

この年、初頭から興福寺の僧兵が暴れ出し、八月には藤原氏の初代藤原鎌足を祀る談山神社（奈良県）の神人《じにん》と事を構えて、大和国（奈良県）内で荒れ狂った。京都朝廷は、鎌倉幕府に鎮圧を依頼する一方、朝廷が重罪人の追捕を命じる際の文書である衾宣旨《ふすまのせんじ》を発することにした。そしてその衾宣旨の執筆が、兼仲に大覚寺統の亀山上皇から命じられた。

しかし興福寺は藤原一族の氏寺で、兼仲は藤原氏の氏人である。兼仲は当惑する。兼仲が、氏寺の僧兵の追捕を命じる衾宣旨を書かなければならないのである。だが主命である。兼仲は止むを得ず兼仲は、衾宣旨を書き全国に興福寺僧兵の追捕を命じた。

これに対して興福寺の別当僧正から兼仲を放氏することに決まった旨の送状が兼仲に届けられた。関白で藤原氏の氏ノ長者だった鷹司兼平は、調停に立つが功を奏することはなかった。同月二十三日の藤原一族のほぼ全員が集まる氏《うじ》ノ八講の儀式に、兼仲は出席できなかった。そのときのくやしさを兼仲は、「もっとも遺恨の次第なり」と記している。また同二十六日興福寺で挙行された氏ノ八講の結願《けちがん》の儀式にも、兼仲は布施だけはとられたが出席できなかった。

同二十九日、藤原氏の氏ノ長者である鷹司兼平に、亀山上皇の院宣が下った。

兼仲が放氏されおること、存知せられ候や。もし浮説につき、兼仲が放氏せられたるならば、不慮のことに候か。兼仲が興福寺に仇《あだ》なすとのさしたる証拠なくんば、計《はから》い許さるべしと、氏ノ長者より興福寺に仰せらるべきか。

兼仲の苦境を知った亀山上皇が、氏ノ長者である鷹司兼平に、興福寺への執り成しを命じてくれたのである。そして十月六日、興福寺と談山神社が和解した。その翌日、興福寺の僧兵のうち主だった者六人が氏ノ長者兼平邸に呼ばれ、「和解成立ののちは、諸事、穏やかにすべし」と、暗に兼仲の続氏を興福寺に命じたのである。同月十日、興福寺の別当僧正の「昨夜の亥ノ刻（午後十時）、汝の放氏を止め、継氏のこと決定したり」と記された手紙が、兼仲邸に届けられた。やっと兼仲は許されたのである。放氏されていたのは、約一ヵ月間だった。

この事件は、放氏する権限は誰のものだったか、ということを問うことになった。放氏する権限は、もともと氏ノ長者の権限だった。ところがこの事件では、氏ノ長者である鷹司兼平は兼仲を慰めたり、調停に立ったりしただけだった。そして兼仲を放氏し、やがて兼仲を許して続氏させたのは、藤原氏の氏寺である興福寺だった。鎌倉時代の中葉から以降、放氏・続氏の機能は氏ノ長者の手から氏寺に移っていたのである。

一族存続の知恵としての「分」の思想

天皇家が六十余代も続いていたとされる平安時代後期、藤原摂関家も摂政あるいは関白という地位を十余代も独占してきていた。そして公家社会では、一定の官職の世襲化ということも、すでにはじまっていた。

この間、天皇家以外の出身で、天皇になった者はいなかった。藤原摂関家以外の身で、摂政あるいは関白になった者も現れなかった。菅原道真が急速に立身出世して、いまにも摂政か関白になりそうにみえたこともあった。ところが道真は、太宰府に流されて死んだ。平将門が新皇と名乗って、東国の国王になりかかったこともあった。しかし直後の合戦で将門は戦死した。

このような情況下、京都の公家社会に一つの考えが芽生え、やがて確立発展していった。それは「分《ぶん》」の思想、あるいは「分」の意識と呼ぶことができるかもしれない。

人には、それぞれ持って生まれた「分」というものがある。「分際」「分限」あるいは「身分」「身の程」とか、「定め」といいかえてもよい。いずれにしても人それぞれに持って生まれた「分」というものがある。だから人間は、自分の「分」を守り（守分）、「分」に応じた生活をし（応分）、「分」に随って生きなければならない（随分）。

自分の「分」に過ぎたことを望んだり（過分）、自分の「分」に非《あら》ざることを仕出かしたりする（非分）からよくないことが起こる。かつての菅原道真も眼前の平将門もそれだった。藤原摂関家の出でもないのに菅原道真は出世しすぎて、摂関という地位に近付きすぎた。だから「過分」ということで太宰府に流されたのだ。天皇家でもないのに平将門は、「新皇」と名乗った。だから「非分」ということで敵の矢が額に命中したのだ。これが、

「分」の思想だった。

この思想の「分」というものを分析すると、家業・家職・家格に分けてみることができる。平安時代後期に成立した「名字家《みようじけ》」という概念で、考えることができそうなのである。

和気・丹波の両氏を例にしてみよう。

和気清麻呂の姉の法均は、棄児を拾って養育したが、これが契機となって和気氏の歴代は医師になっている。十世紀の末、丹波康頼は、『医心方』という漢方の重書を編纂した。以降、丹波氏の歴代はみな医師だった。そして和気・丹波両氏の「家業」は医で、「家職」は典薬寮の長官である典薬頭、そして正五位下あたりまで昇り詰めるのが「家格」であった。

これが、和気・丹波両氏の「分」だった。医以外に手を出すのは「非分」で、五位の典薬頭以上に立身しようとすれば、それは「過分」のことだった。世人は和気・丹波両氏を「和丹両流」と呼び、「医家」と称した。

また中原・清原両氏は、「局務家」と呼ばれた。詔勅《しようちよく》の草案を校正し、天皇への奏状を執筆することを「家業」とし、そのための役所である外記《げき》局の長官である大外記を「家職」とし、やはり五位にまで昇り詰めるのを「家格」としたのである。

「明法家《みようぼうけ》」というものもあった。坂上《さかのうえ》・中原両氏のことである。律令法を研究して、天皇家や摂関家などの諮問に答えるのが「家業」で、明法博士が「家職」で、五位程度を「家格」としていた。

「医家」「局務家」「明法家」の例を挙げてみたが、みな一定の職能を担当した氏族であるが、それぞれ〝〜家〟とあることに注意したい。つまり公家の「摂関家」というのも、このうちの一つだったのである。

「摂関家」の「家業」は、天皇家を補佐して政事《まつりごと》を行うことで、「家職」は大臣・大将から摂政あるいは関白までで、「家格」は最高位の正一位だった。もちろん藤原氏北家のうちの良房流である。

　政事を担当した〝〜家〟というのは、「摂関家」を筆頭として、六ランクあった。等しく政事担当といっても、担当した政事自体にレベルの差があり、これに応じて官職や位階にも差があったのである。

「摂関家」に次いだのは「清華家」で、これは「英雄家」あるいは「華族《かしよく》」ともいった。転法輪三条・今出川・大炊《おおい》御門《みかど》・花山院・徳大寺・西園寺・久我《こが》の七氏だったが、江戸時代に醍醐・広幡二氏が加わって九氏になっている。この「清華家」も天皇家を補佐して政事を行うのが「家業」だったが、大臣・大将を兼任して太政大臣までが「家職」だった。どのように昇り詰めても極官は太政大臣ということで、決して摂政あるいは関白にはなれないのである。だいたいは二位どまりだったが、ときには最高位の正一位まで進められるのが、その「家格」だった。

「清華家」に次ぐのが、「大臣家」である。中院《なかのいん》・三条西・正親町《おおぎまち》三条の三氏である。大納言から内大臣を経て、左右の大臣にまで昇れるのが「家職」だった。太政大臣までは昇れず、また近衛の大将は兼任できない。

次が、「羽林家《うりんけ》」である。近衛の少将あるいは中将を皮切りとして、参議、中納言を経て大納言を極官とする。四辻《よつつじ》・山科・高倉・難波・飛鳥井《あすかい》など二十五氏あるいは二十七氏があった。「家格」は、正三位である。

「名家《めいか》」がそれに次ぐ。文筆事務を「家業」とし、左右の弁官から蔵人を兼任し、大納言までは昇れる。「家格」は、正三位ということになる。日野・広橋・烏丸《からすまる》・柳原・竹屋・裏松・葉室・勧修寺《かじゆうじ》・万里小路《までのこうじ》・清閑寺・中御門・小川坊城・甘露寺の十三氏が名家だった。

公家の世界で最下位にあったのが、「諸大夫家《しよだいぶけ》」だった。「家格」は通常は四位・五位で、「家業」は摂関家・清華家・大臣家などに家司《けいし》として仕えるもので、まれに従三位の中納言になることもあった。

なお医家や局務家などと同様に政事以外の権能を担当したものに、漢詩文や歴史を研究する紀伝道（文章道）を担当する「儒家《じゆけ》」、陰陽道《おんみようどう》を担当した「陰陽家《おんみようけ》」、清和源氏と桓武平氏の両氏を指す「武家」などがあった。「儒家」は、菅原・大江両氏で、大学頭・文章博士を「家職」とし、従五位下を「家格」としたが、ときには他の要職に任じられて、四位あるいは三位に昇ることもあった。「陰陽家」は、安倍・賀茂両氏のことで、中務省管下の陰陽寮に出仕して、従五位下の陰陽頭を極位極官としてこれを世襲した。「武家」は、清涼殿に昇殿が許されない地下《じげ》の身分だった。だから「家格」も六位以下という低いものだったが、武力が必要になってくると、しだいに身分も上昇し、さらに源平両氏以外をも指すようになっていく。

そしてこれらの最高位にあったのが、「天皇家」だった。「家業」は日本国を統治することで、「家職」は天皇、「家格」は日本国内で最高というものである。

なお、「家業」「家職」「家格」にそれぞれ〝家ノ業・家ノ職・家ノ格〟として読むと意味がわかりやすい。それぞれ〝〜家〟の人々は、その業・職・格を逸脱することなく、すべて自分の「分」を守ろうと努めたのである。

そしてこの「分」の思想が、たとえ天皇よりも強大な権力を握った者が現れたとしても天皇家を継続させ、さらに日本的階層社会を長く固定化させたという面は否めない。

削名字と復名字

北条・足利・新田・三浦そして大友などの大族では、惣領家の本名字独占、庶子家に対する本名字呼称禁止などがあった。一族が繁栄し次々と分流し、新《しん》名字・新々名字、さらに新々名字と名字が増加したとき、惣領家の権威や一族の結束を高める上で必要なことだった。

しかしこのようなことは、名門の大族だけにみられたことで、小土豪の世界にはなかった。むしろ多くの中小の武家では、同一の名字を名乗ることでより同族意識の強化に努め、一族の団結を強めようとするのが一般的だった。

紀伊国隅田荘《すだのしょう》（和歌山県）の隅田党《すだとう》の例は、中小の武士家の名字観・一族観を知る上で格好のものとなる。

隅田党は、荘内の隅田八幡宮を共通の氏社とし、同じく荘内の利生護国寺を氏寺として二十五名（のち三十一名）の小土豪たちが結成した党である。鎌倉時代の末期には、隅田荘は鎌倉北条氏の得宗領で、隅田党は得宗被官だった。元弘三年（一三三三）五月七日には、六波羅探題北条仲時が近江国番場宿（滋賀県）の蓮華寺で自刃したとき、隅田党の十一人が仲時に殉じている。南北朝内乱がはじまると、隅田党は苦境に立たされた。北隣の楠木氏に攻められて南軍に降伏すると、今度は北軍に攻められるということになったのである。

このような情況下、隅田荘二十一村を分有していた葛原《かつらはら》・上田・境原・松岡・小西ら二十五人が利生護国寺に集まり、全員が自分の名字の上に「隅田」という二文字を冠することにしたのである。共通の「隅田」を冠する複合名字を名乗ることによって、結束を強化しようとしたのである。しかし隅田党の全員が、血縁的に同族だったわけではない。管見《かんけん》の限りでは、葛原・境原両氏は藤原氏、松岡氏は源姓、そして上田氏は橘氏だった。だから隅田党は、同族であるかのように擬制して、結束の強化を図ったのである。そして戦国時代に入るとさらなる結束の必要を感じた隅田党は、ついに複合名字も捨てて、全員が「隅田」を名字にしている。

そして裏切りなどがあった場合、「隅田」という名字が剝奪された。隅田党関係の古文書に、「削名字《さくみょうじ》」という語は見られない。しかしこれこそが、「削名字」だった。

「削名字」の例として知られるのは、足利氏の庶流今川貞世（のち了俊）である。貞世は応安四年（一三七一）、鎮西探題に任じられ南軍の勢力が根強い九州に赴任し、転戦二十余年にして南軍鎮圧に成功した人物である。そして応永二年（一三九五）八月、突然、貞世は京都に召還されるが、室町幕閣での政争の余波で、足利義満に疑われたものらしい。このためか九州を平定して上洛した貞世は、わずか遠江国（静岡県）の半国の守護しか与えられなかった。貞世の悲運は、その後も続き、反幕府の姿勢を強めた貞世は、応永ノ乱の陰謀に加担するが露顕して、同七年、遠江国にいた貞世を追討するための幕府軍に貞世は降伏した。

足利義満の処罰は、寛大だった。伊豆国堀越郷（静岡県）を喝命所として宛行《あてが》われ、その地に流人として暮らすことになったのである。

このとき貞世が受けた処置が、「削名字」だった。「今川」という名字を名乗ることを禁じられたのである。喝命所の地名をとって、貞世は「堀越」と名乗った。貞世に対する削名字という制裁は、その死後にも及び息子の貞臣も生涯、「今川」とは名乗れなかった。ようやく孫の貞相《さだすけ》の代に、「今川」に「復名字」することが許されている。しかし貞世の子孫たちの心中には、室町将軍への怨みが残った。やがて子孫たちは、復名字が許された「今川」を捨て、「堀越」あるいは「瀬名」を名字にしている。

越後国（新潟県）の名門三浦和田氏も十五世紀中葉に削名字を経験している。

三浦和田氏は、鎌倉幕府の侍所の初代の別当で相模国三浦郡の三浦義明の嫡孫だった和田義盛の弟高井義茂が、源平合戦後に越後国奥山荘を拝領すると、三浦氏と和田氏との武名を誇示する意味もあって「三浦和田高井」という三重の複合名字を名乗った。それから約二百年の間に庶子家が多く分流し、新名字も多く成立した。しかしすべて「三浦和田」を冠して「三浦和田黒川」「三浦和田羽黒」「三浦和田関」などと名乗っていた。もちろん惣領家は、「三浦和田高井」だった。

応永三十年（一四二三）、越後国の守護上杉房朝が若年だったのに付け込んで、対立していた室町幕府の前将軍足利義持と鎌倉公方足利持氏とが、たがいに越後国に干渉してきた。越後応永大乱である。合戦となった。幕府方の守護上杉房朝に対して、国人たちが鎌倉公方側として反乱したのである。奥山荘にもすぐに波及した。三浦和田一族の惣領高井房資・朝資父子は守護方＝幕府方で、庶子家の黒川・羽黒両家などは、国人側＝鎌倉公方側だった。同族間の合戦は、激烈をきわめることになった。そして惣領家は、黒川・羽黒両家に対して、「削名字」の制裁を発動したのである。この結果、情勢は激変した。黒川・羽黒両家に味方していた他の庶子家が、両家を捨てて惣領家に帰参してきたのである。

三浦和田一族のなかで孤立した三浦和田黒川基実は自刃し、羽黒家は惣領家に降伏した。

そして惣領家は降伏した羽黒家に「復名字」している。「三浦和田」という名字呼称を許してやったのである。

ところで「削名字」、「復名字」を発動する権限は、その本来の性質からみて族長のもののように思われがちであるが、必ずしもそればかりではなかったらしい。

これより早く鎌倉時代中葉の建長二年（一二五〇）十二月二十七日、幕府執権の北条時頼は、「将軍に近習結番のこと、自今以後、不事の輩にいたっては、削名字の上、永く出仕をとどむべし」との下知を発している。五代将軍九条頼嗣の近習番に任じられた御家人たちに、その職務を怠ったときは「削名字」という処罰を与えると、決めたのである。しかし鎌倉時代にそれが発動されたという例はない。

なお戦国時代の弘治二年（一五五六）十一月二十五日、下総国結城城《ゆうき》（茨城県）の城主結城政勝が発した『結城氏新法度《はっと》』の二十二条に、次のような文がある。

此以後、不忠し候ハんものをは、其一類ことごとくた（絶）やし、名字をけつり、其跡、他人にあつべく候。其名字をなのらせ候へは、つつ（続）くやうにて候間、名字迄、た（絶）やすへく候。可被心得候。

不忠をする家臣が出たら当人の一族全員を根絶やしにし、その「名字をけつ（削）り」、その「名字迄た（絶）やす」と、威嚇したのである。

同じような法令は、慶長元年（一五九六）十一月十五日、土佐国（高知県）の大名長曾我部元親が発した『長曾我部氏掟書』の八十四条にも見える。

忠節の名字の跡目の名代（名字）のこと、その身は仕違をもって成敗あるのとき、科《とが》が軽ければ、名字へ懸けるべからず。重科においては、名字まで成敗すべきのこと。

罪が軽ければ削名字はしないが、重科の場合には、削名字をするというのである。「削名字」という処罰は、先述した放氏とは異なり、かなり重いものだったことがわかる。

天皇家が持っていた「賜姓」の権限は、藤原摂関家の「放氏」「続氏」という段階を経て、「削名字」「復名字」というところまできたわけだが、これは姓名や名字を与えるということにも通ずる。

「新しき名字を与えん」と織田信長にいわれた木下藤吉郎は、織田家の家老二人、丹羽長秀、柴田勝家から一字ずつとって「羽柴」という名字をつくり、これを信長から頂戴している。その信長は、丹羽長秀には「惟住《これずみ》」、明智光秀には「惟任《これとう》」という名字を与えている。それぞれ九州では名族の名字だったから、やがて九州に攻め込む意図がみえてくる。

のちに天下人になった秀吉は、「豊臣」という姓名をつくり、「豊臣」姓と「羽柴」という名字とを、宇喜多秀家・前田利家・結城秀康・森忠政・京極高次らの大名たちに与えている。同族という待遇を与えて、自家の藩屏としようとしたのだろう。

同じようにもともと「松平」だった徳川家康も、「松平」という名字を島津・井伊・柳沢・大河内・池田・伊達などの諸大名に与えている。

権力を握るということは、「身内」をつくり身内によって支配を強化する、という現実を一面では有せざるを得ないのかもしれない。

三　庶民が名字を名乗らなかった理由

名字公称の自粛

古代では、一般の人々をも含めて、「百姓《ひやくせい》」という言葉があった。すべての人が、なんらかの氏《うじ》に属して姓名を持っていたのである。

『万葉集』には、一般庶民の名前が多く記されている。たとえば生玉部足国《いくたまべのたりくに》（四三二六）・川原虫麻呂《かわらのむしまろ》（四三四〇）・丈部足麻呂《はせつかべたりまろ》（四三四一）・朝倉益人《あさくらのますひと》（四四〇五）は男性で、椋椅部刀自売《くらはしべのとじめ》（四四一六）・服部呰女《はとりべのあさめ》（四四二二）は女性である。

すべて姓名あるいは名字を名乗っていた。

奈良時代の庶民の名前は、『寧楽遺文《なら》』に、天平勝宝四年（七五二）、奈良の左京八条一坊に住む「民《たみ》」の伊美吉《いみき》若麻呂（宗教編下）、天平神護二年（七六六）十月、越前国足羽郡（福井県）の「草原郷ノ人」だった宇治智麻呂、同郡の「野田郷ノ百姓」の女性車持姉売《くるまもちのあねめ》（経済編上）などが散見される。

この時代もいずれも姓名あるいは名字を名乗っていた。平安時代の庶民の名前は、『平安遺文』に、土佐国（高知県）の佐伯《さえき》・宗我部《そがべ》・上毛《かみつけ》・八木・紀・柏部・秦・草江（一一七三六）、久安二年（一一四六）の京都の十五歳の藤井友沢、「強盗」だった人物が、「□（虫喰）原末利」と名乗っていることなど（一二五八四）が見られ、姓名や名字を名乗っていたことがわかる。

いずれにしても古代には、全員が姓名か名字かを名乗っていたのである。ところが中世に入って源平合戦前後の頃、突然情況が一変した。一般庶民たちが、姓名や名字を名乗らなくなったのである。

その原因を示すような史料は、まったく存在しない。しかし名前というものを軸として歴史を振り返ってみると、次のようにいえるかもしれない。

古代は、天皇中心の時代だった。だから公家たちは姓名を重んじた。天皇家から与えられた姓名は、天皇との関係を示していたからである。ところが摂関政治、院政と天皇自身は政治をとらない時期が続くと、しだいに天皇の権威は地に落ちていく。同時に姓名呼称もすたれていく。

かわってはじまったのが、名字呼称である。新興の武士にとって名字を名乗るということは、自分が領地を持っている領主であるということを、他に誇示することでもあった。それは反面、領地を持っていない者には、名字を名乗る資格がないということにもなる。こうして所領を持たない庶民層が、名字の公称を遠慮し自粛するようになったのではないだろうか。法律などで禁じたわけではない。

武家に仕えているが領地を持たない雑色《ぞうしき》については、『保元物語』や『吾妻鏡』に数多くの例がある。

源為義の雑色だった「花源」、北条時政の雑色の「藤源太」、三善康信の雑色の「鶴太郎」などのほか、頼朝が手足のように使った雑色には、次のような例がある。

友行・宗重・定遠・信方・宗光・里長・吉枝・宗廉・里久・沢安・正光・真近・常清・利定・成里・成重・成沢・沢重・国守・清常・鶴次郎

文治二年（一一八六）、大和国出雲荘（奈良県）の名主の名乗りは、次のようだった（『鎌倉遺文』二〇二）。

重国・国時・国久・助光・助安・貞安・助国・重末・貞元・貞国・国弥・貞次・久国・助

賢・今国

また『義経記』には、「金売り吉次」という商人が出てくる。雑色、農民そして商人など領地を持たないものたちが名字公称を自粛する風は、室町・戦国・江戸の各時代にも続いた。やがて領地を持たないものが名字を名乗るのは、悪事だとみる風も生じてきた。

地下人など、雅（我）意にまかせて名字を名乗るとの由、前代未聞の次第なり。百姓ども、名字を名乗ること、身分を弁《わきま》えざる曲事《くせごと》なり。

などの記載も見られるようになる。

一方で同時に「名字」という文字が、しだいに使われなくなる。かわって使われるようになるのは、「苗字」である。

苗字の公称を禁じた法令は皆無で、それでいて一般庶民は苗字公称を自粛し続けたのである。奇妙なことである。

この間の事情について、豊田武は著書『苗字の歴史』で、結局、村内上層の農民が、いっぱん農民に苗字の私称を禁じたのであり……（中略）……幕府や藩の統制によるよりも、共同体内部の規制によることが多かった。

と指摘している。

農民たちが苗字を名乗らなくなったのは、一村単位でみれば自主規制だったが、その基礎に上層部から下層部に対しての圧迫があったと、豊田は考えたのである。

苗字公称の免許

庶民が苗字を名乗らなくなったのは、結局は自主規制であり自粛だった。しかしそれが長年続くと、権力者の側では、自分たちが制限あるいは禁止したのだと、思い込むようになったと考えられる。

江戸時代の寛政年間（一七八九～一八〇一）、上野国高崎（群馬県）の郡代だった大石久《ひさ》敬《たか》は『地方《じかた》凡例録《はんれいろく》』に、

由緒の百姓のこと……（中略）……先祖は高貴の末葉に紛《まぎ》れなくとも、民間に落ちては苗字帯刀、決して相成らず

と記している。これなどは、その思い込みを如実に示しているのではないだろうか。

なお一般庶民の階層にあっても、苗字呼称を自粛しなかった職業、あるいは立場の者があった。そしてこれらも権力者の側では、自分たちが苗字呼称を許可しているのだと、思い込んでいたらしい。江戸時代の文書などでは、苗字呼称が「永代差し許し」となっている。神社の神主や禰宜《ねぎ》、医師と相撲取り、庄屋、名主《なぬし》、村年寄などの役付き、大名が宿泊する旅館である本陣の主、幕府や諸藩の御用商人、歴代が苗字呼称をし続けてきた郷士などがこれにあたる。

これに対して親孝行だった息子、年貢を数年分も前納した農民など、個人的な特例の場合は、「その身、一代限り」だった。江戸時代中葉の国学者伴蒿蹊《ばんこうけい》は、『近世畸人《きじん》伝』で次のような例を紹介している。

陸奥国白河藩（福島県）、内藤平左衛門、この人、篤実、たぐいなくて、学を好めり。されば、これのみならず、人を救い、あるいは道橋を造り、慈悲を行うこと多ければ、領主も賞し給いて、苗字帯刀をも免され、士になぞらわさるる

「内藤」という名字を持っていた平左衛門は、道や橋を造ったりしたので、苗字帯刀が許されたというのである。なお「帯刀」というのは、二本さすことである。

この時代、苗字呼称を免許（許可）する権限は、支配者としての武士にあった。しかし武士のすべてが、その権限を持っていたわけではない。幕府の旗本や諸藩の藩士のうち、知行所を持っている者だけに限られていた。だから武士としてというよりも領主としての権限で、これを行使できるのも自分の知行所においてだけだった。

ちなみに江戸時代も中期を過ぎると、幕府の旗本や諸藩の藩士たちも貧窮化してくる。家禄は上がらないのに物価が上昇したからである。このようなとき、知行所を持っていた旗本や藩士などがとった手が、自分の知行所の富裕な百姓に苗字帯刀を免許することだった。そしてそのかわりに借金を棒引きにさせたり、さらに借金を頼んだり、ときには謝礼のかたちで冥加金《みようがきん》を上納させたりしたのである。

文化七年（一八一〇）五月、相模国中郡西富岡村（神奈川県）の四百石の知行取りの旗本戸田家用人秋山勝之助は、次のような令書を知行所の名主の仁左衛門に発している。

其方《そのほう》儀、近頃、病身に相成り候ニ付き、このたび名主役、御免の儀の願い出、御聞き済み成され候。其方の家、代々の役儀を数年も相勤め、またぞろ其方儀も、名主勤役中、村方の鎮め等も行届き、骨折り相勤め候ニ付、格別の思召《おぼしめ》しをもって、このたび名主役御免、其方一代苗字御免なされ、以後、名主上座年寄、仰せ付けられ候。有難く存じ奉り、おって病気も快く相成り候ハハ、相応の御奉公をも相勤め候よう、いたすべく候なり。

文化七庚午年五月　知行所内
秋山勝之助（印）
堀江仁左衛門殿

旗本戸田家は貧窮化して、知行所で随一の富裕の名主仁左衛門に、財政的に大きく依存するようになっていた。これを嫌った仁左衛門は、病身という口実で名主の辞任を申し出た。ところが旗本家の方が一枚上手だった。仁左衛門の名主辞任は認めたが、より上位の名主上座年寄に任じた上に、苗字の公称を免許したのである。文書の左下に、宛名が「堀江仁左衛門殿」とあるのがそれである。

仁左衛門にしてみれば、それなりに名誉なことである。受けないわけにもいかないが、同時に旗本家に貸してあった金なども、取り立てるわけにもいかない。

それどころか、直後、仁左衛門は「冥加至極、有難き幸せに存じ奉り候」という請状を提出しているから、それまでに旗本家に貸金をしていた上に、さらに冥加金を上納したものと思われる。

貧窮化した旗本などは、しばしばこの手を使ったのである。いわば苗字帯刀の免許ということを、知行所の富裕農民に売りつけたわけである。

このようなことが、あまりにも頻繁に行われたので、これに手を焼いた江戸幕府は、享和

元年（一八〇一）七月、

百姓・町人が苗字を相名乗り、ならびに帯刀し候儀、其の所の領主・地頭より差し免し候儀は格別、用向きなど相達し候とて、御領所はもちろん、地頭の者より猥《みだ》りに苗字を名乗らせ、帯刀いたさせ候儀は、これ有るまじきことに候あいだ、かたく無用たるべく候。

というような御触書《おふれがき》を発している（『徳川禁令考』）。

この法令は、しばしば百姓・町人の苗字帯刀を禁じたものとされているが、これは違う。むしろ対象は「領主地頭」であって、これらが「猥りに苗字を名乗らせ、帯刀いたさせ」るのを禁じたのである。

苗字公称の義務化

明治時代になると四民平等・文明開化の風潮のなかで、明治三年（一八七〇）九月十九日、「今より平民の苗字、差し許さる事」とする太政官布告が発せられた。江戸時代の領主・地頭の権限を明治新政府が接収して、全国民に苗字の公称を許可したのである。

この太政官布告によって、全国一斉にすべての日本人が苗字を名乗るはずだった。しかし新政府の思惑は、完全にはずれた。ほとんどすべてが、苗字を名乗らなかったのである。長年の習慣から抜け出せなかったのである。そして布告の趣旨も徹底しなかった。そしてなによりもこの布告は、「差し許さ」れたのであって、義務ではなかったのである。

いずれにしても多くの人々は、苗字を名乗ろうとはしなかった。困ったのは、明治新政府だった。徴税や徴兵のためにも戸籍を備えておくことは急務だった。そして明治四年四月四日、戸籍法が制定された。続いて翌五年正月二十九日から全国で戸口調査がはじまり、同年中に一応の戸籍が作成された。ときの干支によって、「壬申戸籍《じんしん》」という。

この戸籍の作成にあたっては、古くから持っていた苗字を変更しようとした者もあったり、同居している父・兄・弟が、それぞれ別の苗字を届け出たことなどもあって混乱が生じた。だから苗字・屋号・名前などの改称は、すぐに禁じられた。同一家族ならば、同一苗字たるべしとも命じられた。しかし、妻が夫の苗字を名乗らず、実家の苗字で届け出ても受理されるケースもあった。また壬申戸籍には、まだ苗字なしの者も多かった。長年の習慣から脱却できず、周囲の目を憚るということもまだ続いていた。

このような情況下の明治八年（一八七五）二月、

自今、必らず苗字を相唱《とな》うべし。もっとも祖先以来の苗字、不分明のむきは、あらたに苗字を設くべし。

との太政官布告が出された。

前回の布告では混乱したため今回の太政官布告は、苗字を名乗ることを徹底させようとした。同八年十二月には、婚姻・養子縁組・離婚・離縁などの際、新しい苗字をつくってもよいとする太政官布告も出された。こうして苗字を名乗らないということは、どんな事情があっても許されないことになった。

しかし翌年三月、

婦女、人に嫁するも、なほ所生の氏を用ゆべき事。但し夫の家を相続したる上は、夫家の氏を称すべき事。

という太政官布告が出されるなど、新政府も混乱していた。女性は結婚しても、実家の苗字を名乗れというのである。長い間の慣習が、まだまだ続いていた。

そして明治三十一年（一八九八）六月二十一日には、民法と改正戸籍法が公布された。そこでは結婚した女性は、夫の苗字を名乗るべしとされたのである。妻は夫にしたがうものという思想が、その根底にあった。

第二次世界大戦後、昭和二十二年（一九四七）五月三日には、新憲法が施行され、同年十二月二十二日には、新しい民法が公布された。男女同権が謳われ、結婚した夫妻はどちらの苗字を名乗ってもよいが、夫婦は同一の苗字でなければならないとされた。さらに昭和五十一年（一九七六）には、離婚後の名字は、旧姓（結婚時の名字）でも実家の名字でもよいことになった。そして近年は、いわゆる夫婦別姓論が、議論の中心になっている。

第四章　実名の変遷

一　さまざまな実名

動物名を付けた実名

大和朝廷で権力を誇った蘇《そ》我《が》氏の歴代は、稲目《いなめ》―馬子《うまこ》―蝦夷《えみし》―入鹿《いるか》と続いた。そして稲目以外の三代の実名は、動物名だった。馬子は馬、蝦夷は海老《えび》、入鹿は海豚《いるか》を指している。

これは蘇我氏に限ったことではなく、『古事記』『日本書紀』『万葉集』などを見ると、巨勢臣猿《こせのおみさる》（猿）・中臣　連烏麿《なかとみのむらじおまろ》（烏《からす》）・上毛野君小熊《かみつけののきみおくま》（熊）・真野臣鳥《まののおみとり》（鳥）・阿倍臣鳥《とり》（鳥）・宍人臣雁《ししびとのおみかり》（雁）・八口采女鮪《やぐちのうねめしび》（鮪《まぐろ》）・上毛野牛甘《かみつけののうしかい》（牛）・土師連　菟《はじのむらじうさぎ》（兎）など動物名や魚類名を実名としている氏族が多い。

特に猿・鼠・虫・馬・牛は多く、龍・烏・雁などのほか、鯖《さば》や鮪などもある。そして意外なことに、この時代でも身近な存在であっただろう猫と犬を実名としている氏族はいない。これらの実名は、当時すでに家畜化されていたと思われる馬・牛を別とすれば、多くは野生の動物だった。当時このように野生の動物を実名とした理由は、動物の持つ強い生命力への憧憬あるいは動物の持つ強い精気への願望が、その根底にあったのかもしれない。アニミズムや神秘的な呪術の意識が、背景にあった。

男性は「ヒコ」女性は「ヒメ」

古代には男性の実名でありながら、馬子のような「〜子」型が多いことも目立っている。遣隋使で有名な小野臣妹子《いもこ》、のちに藤原鎌足となる中臣連鎌子などのほか大伴咋子《くいこ》・葛城《かつらぎの》直瑞子《あたいみずこ》・膳臣傾子《かしわでのおみかたむこ》・坂田君耳子《みみこ》、欽明天皇の皇子椀子《まりこ》親王などである。このように「〜子」型は、大和時代には男性の実名だった。これが後世に逆転して女性の実名になる。このことについては、あとで詳しく述べる。

さて、男性の実名である「〜子」型を片仮名で表記すると、「〜コ」ということになる。これに対応する女性の実名は、「〜女」あるいは「〜売」と表記される「〜メ」である。椋《くら》椅刀自売《はしのとじめ》・宇遅部黒女《うじべのくろめ》・大伴部真足女《またりめ》などのほか、第一章で触れた養老五年（七二一）の下総国葛飾郡大島郷甲和里《こうわ》（東京都）の戸籍には、孔王部阿古売《あなほべのあこめ》・小宮売《こみやめ》・大根売《おおねめ》などが見られた。

大和時代の後半からは、男性のコと女性のメの上に「ヒ」を冠して、男性は「～ヒコ」型、女性は「～ヒメ」型が多くなる。そして「～ヒコ」型は、「～比古」あるいは「～彦」と「～ヒメ」型は、「～比女」「比売」あるいは「～姫」「～媛」と表記される。もともと「～コ」あるいは「～メ」は、たんに男性あるいは女性を示すだけのものだったのかもしれない。そしてこれに冠されるようになった「ヒ」は、美称あるいは尊称だった可能性がある。やがて「～姫」といえば、高貴な女性の呼び名となっていく。

男性の「～ヒコ」型の例としては、狭手彦《さてひこ》の弟の大伴阿被比古《あわひこ》のほか倭彦《やまとひこ》・手彦《てひこ》・磐余彦《いわれひこ》・御間城入彦《みまきいりひこ》などがある。女性の「～ヒメ」型の例には、木花開耶姫《このはなのさくやひめ》・磐長媛《いわながひめ》・甘美姫《うましひめ》・広姫・振姫《ふりひめ》などがある。

なお、名前ではなく尊称として用いられたものに、「～イラツコ」、「～イラツメ」がある。末尾に「コ」あるいは「メ」があるので、これも「～コ」型あるいは「～メ」型からの発展形と思われる。男性の場合が「～イラツコ」で、「郎子」あるいは「郎君」と書く。『万葉集』には、仁徳天皇が「菟道稚郎子《うじのわかいらつこ》」と記されている。

庶民も使っていた「マロ」

男性の実名の一つに、「～マロ」型がある。大和時代から平安時代までに多かった。古くは「～麻侶」と書かれていたが、しだいに「～麻呂」あるいは「～麿」にかわっている。

『万葉集』には、相模国鎌倉郡（神奈川県）の丸子連多麻呂が見え、紀男麻侶・阿倍臣火麻呂・橘臣麻呂・大伴猿磨、藤原氏京家初代の麻呂などと多くの例を確認できる。

マロについて歴史学者の喜田貞吉は、「マロという名の変遷」という論文で、「自称（第一人称）としてのマロが先行して、これが人名に用いられるようになった」と述べている（『社会史研究』十─二・三）。しかし大和時代には徴証できる史料が少ないので、喜田の「自称（第一人称）としてのマロ」の用例は発見できなかった。だが平安時代に入ると、自称としてのマロが多く見られるようになる。このことから喜田が指摘した「自称↓人名」というよりは、むしろ「人名↓自称」というように人名が先行した、という考え方が事実に近いのではないだろうか。

先述の養老五年（七二一）の「下総国葛飾郡大島郷戸籍」のなかの十人の家族を例にとれば真泰・大麻呂・徳麻呂・麻麻呂《あさ》・若麻呂・古麻呂の男性六人の実名のうち五人までが「～マロ」型である。このことからも当時の庶民層に、「～マロ」型が一般的に使われていたことがわかる。しかし奈良時代の上流階級にも「～マロ」型は少なくはない。『続日本紀《しょくにほんぎ》』には、君子伊勢麻呂・久米奈保麻呂・桑名倭《やまと》万呂・桑原伯万呂・高屋連赤麻呂・高大万呂・高史《ふひと》佐美万呂・紀少鯖万呂などと記され、その例は枚挙にいとまがない。このようなことから飯沼賢司氏は「人名小考」という論文で「九世紀前半までは、『マロ』は地域を問わず、あらゆる階層に見られ」たと指摘している（『荘園制と中世社会』）。そして「～マロ」型は、平安時代まで続いた。

ちなみに、あまりに才気走ると角《かど》が立つので、才能などを見せないという意味で「麻侶」あるいは「麻呂」は用いられ「丸《まる》」に由来した、というのが国語学あるいは民俗学からの指摘である。これにしたがえば「〜マロ」型の実名には、謙遜あるいは卑下の意味があったということになる。

いずれにしても奈良時代には、「〜マロ」型の男性の実名が爆発的に盛行した。

貴族の「マロ」、下層民の「丸」

ところが九世紀後半頃から「〜マロ」型の実名は、しだいに終熄していく。これと並行して上流社会では、「麻呂」あるいは「麿」が、貴族階級の男子の第一人称になっていく。平安時代の公家たちが、〝私〟とか〝俺〟というような意味で、「麻呂」あるいは「麿」を用いはじめたのである。以下にいくつかの実例を示してみよう。

○『土佐日記』、承平五年（九三五）正月

ある人の子の童《わらわ》なる、ひそかに言ふ。

「まろ、此の歌の返しせん」

○『落窪物語』、巻一

昨夜は参らで、今朝、参らむも、げにまろが知りたると思ほさめ。

○『義経記』、巻六

院宣には、まろが計らひにあるべからず。

一方、下層の社会では、「～麻呂」が「～丸」と変形して、下層社会の特殊な人々の実名呼称になっていく。この研究は前出飯沼氏論文に詳しいが、同論文では、呪師の愛王丸、猿楽師の小野福丸、牛飼童の小犬丸と滝雄丸、もと罪人で放免（検非違使の手先）となった黒雄丸、ほかに高太入道丸・乙王丸・子春丸などの実例が、挙げられている。

もともと「麻侶」「麻呂」に内包されていたと思われる謙遜ないし卑下という意味が、さらに発展したかたちで蔑称となり、ついに軽蔑の対象にされて、当人たちまでがこれを名乗るようになったのだと考えられる。この延長上に、酒呑童子・茨木童子・伊吹童子など山賊の呼び名があり、海賊藤原純友の子が重太丸と呼ばれたのも、同一線上のことと考えられる。

なお「～丸」と自分から名乗った賤民たちは、成人してからも童形だった。『平治物語絵巻』には、乗馬姿の検非違使のまわりに数人の放免が付きしたがっている絵があるが、その放免たちは、みな童形である。この種の賤民たちは、一生涯元服しなかったのである。そして一般人が元服すると必ず着ける烏帽子を着けず、髷《まげ》（チョンマゲ）をしない稚児《ちご》姿で一生を通していた。

幼名の変遷

しかしやがて今若丸・乙若丸・牛若丸というような童名《わらわな・どうみょう》（幼名）が、上流階級の元服以前の子供の呼び名になっていく。では「丸」が蔑称ではなくなり、上流社会で幼名として使われ出すのはいつ頃からだろうか。

史料上で最初に見られた童名は、『梅城録』にある菅原道真の「阿呼」と思われるが、『菅《かん》家《け》文草』には、道真の幼息の「阿視」「阿満」「小男」が記される。『大鏡』には、藤原道隆の長男道頼の「大千与きみ」、次男伊周《これちか》の「小千代きみ」、三男隆家の「阿古君」がある。「きみ」「君」という敬称はあるが「丸」ではない。『吾妻鏡』では、北条泰時の幼名は「金剛」で、北条経時の幼名は「藻上御前」だった。しかし北条氏に敵対した三浦光村は、「駒若丸」と記される。この時点では、「～丸」には、まだ蔑称のニュアンスがあったのである。

しかし鎌倉末期頃から蔑称のニュアンスは消えていき、「～丸」という童名は一般化していく。伊予国（愛媛県）の豪族河野通忠の千宝丸、同通尭の徳王丸、同通朝の毘沙丸、楠木正成の多聞丸など堂々と、「～丸」を名乗っている。

この童名にも、やがて父・子・孫・曾孫と一字を縦に相続していく通字が、取り入れられるようになる。前記の藤原道隆の子に「大千与きみ」「小千代きみ」とあり、この「千代」

が通字のように思われるが、三男には「千代」は付かない。しかし源頼朝の系統の童名には、通字の可能性が濃厚である。史料によって、「幡」「万」と別の文字のようだが、「幡」が本当だったかもしれない。

北条時頼以降の鎌倉北条氏の童名には、「寿」が多い。時頼の父時氏が二十八歳、兄経時が二十三歳で死んだ。時頼自身は三十七歳、その子時宗が三十四歳と、いずれも短命だった。だから童名の「寿」には、長寿の願いが込められていたのだろう（図10参照）。

図10　北条時頼以降の鎌倉北条氏の童名

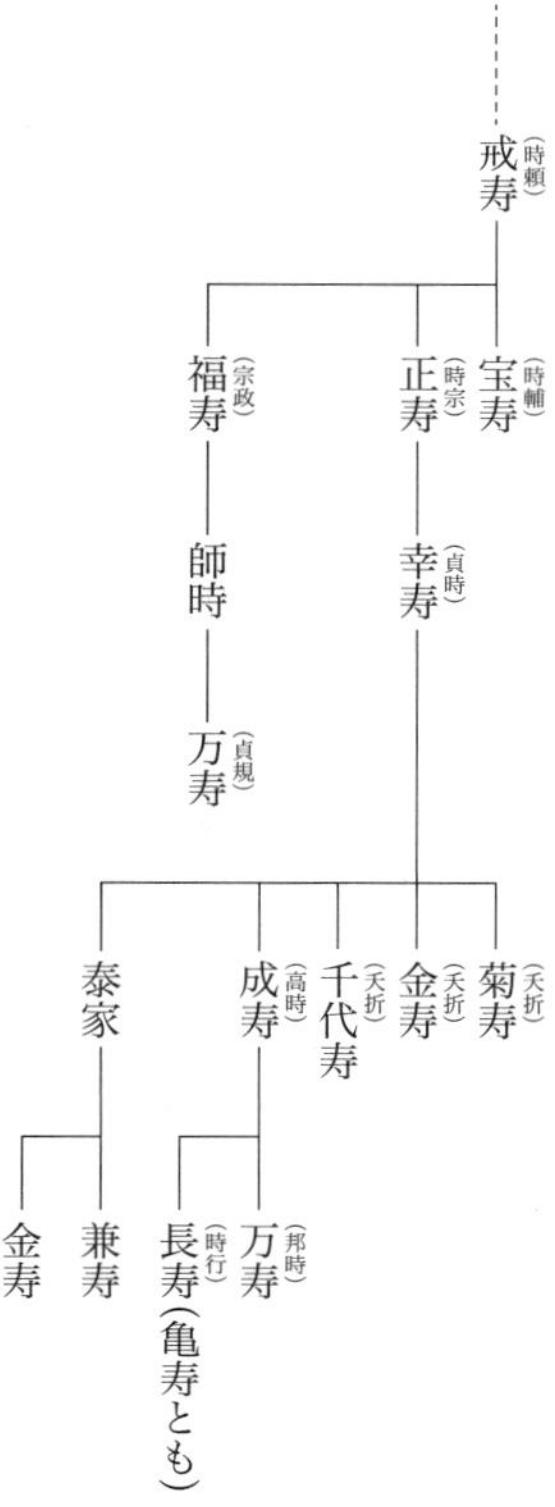

図11　足利氏童名

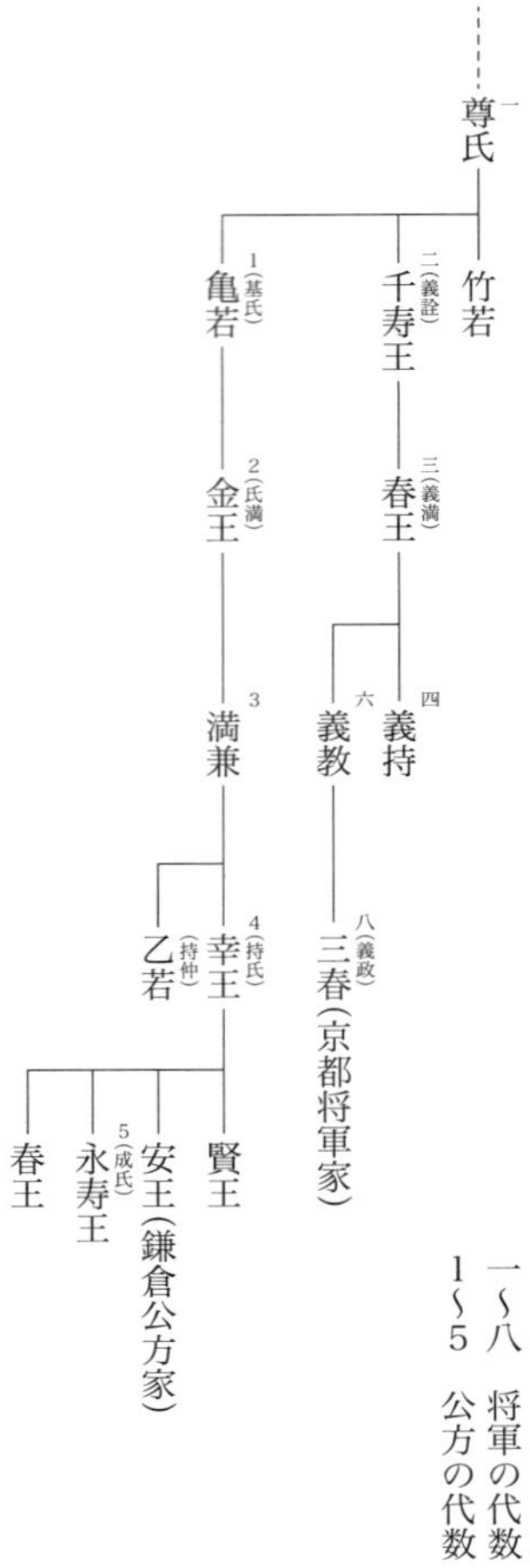

足利氏の場合、京都の室町将軍家の歴代の童名には、通字性は見られない。しかし鎌倉公方家歴代の童名では、「王」が通字になっている（図11参照）。

室町幕府の管領家の細川氏では、童名が「聡明丸」だった頼元の代に、「これより以来、嫡子たるの者、童名は聡明と称す」と決めた（『続群書類従』所収「細川系図」）。

三代目の持元が夭折したので、童名が聡明丸ではなかった弟持之が家督を嗣ぐと、その子・孫まで童名は聡明丸となり、政元が澄元を養子にすると、その子・孫までが聡明丸になっている。細川家では、「聡明丸」という童名は、次代の家督の象徴だったのである。

同様のことが、常陸国の佐竹氏でも見られた。次代の家督と目されると、童名が「徳寿丸」だったのである。

源平合戦期からの名族である薩摩国の島津家では、養子が入ったことによって、家督の童名が又三郎から虎寿丸へ、さらに「～房丸」を経てまた又三郎に戻るが、その間、二種の童名を持ったりもしている。

大江広元の裔である長州毛利家では、「松寿丸」、「千代～丸」および「～千代丸」、そして「幸～丸」の三種型が、微妙に交替している。

そして徳川将軍家歴代の童名は、図12の系図のようになっている。

「姫」から「子」へ

平安初期、女性の実名呼称に大きな変化が現れた。

まず女性の実名の変化で顕著なものは、上流階級の姫君たちの実名が、「～郎女《いらつめ》」「～比《ひ》売《め》」「～姫」「～媛《ひめ》」などから「～子」型にかわったことである。前述したように奈良時代では、「～子」型は男性の実名だった。

だが、奈良時代でも女性名としての「～子」型も、まったくなかったわけではない。管見《かんけん》

図12　徳川将軍の童名

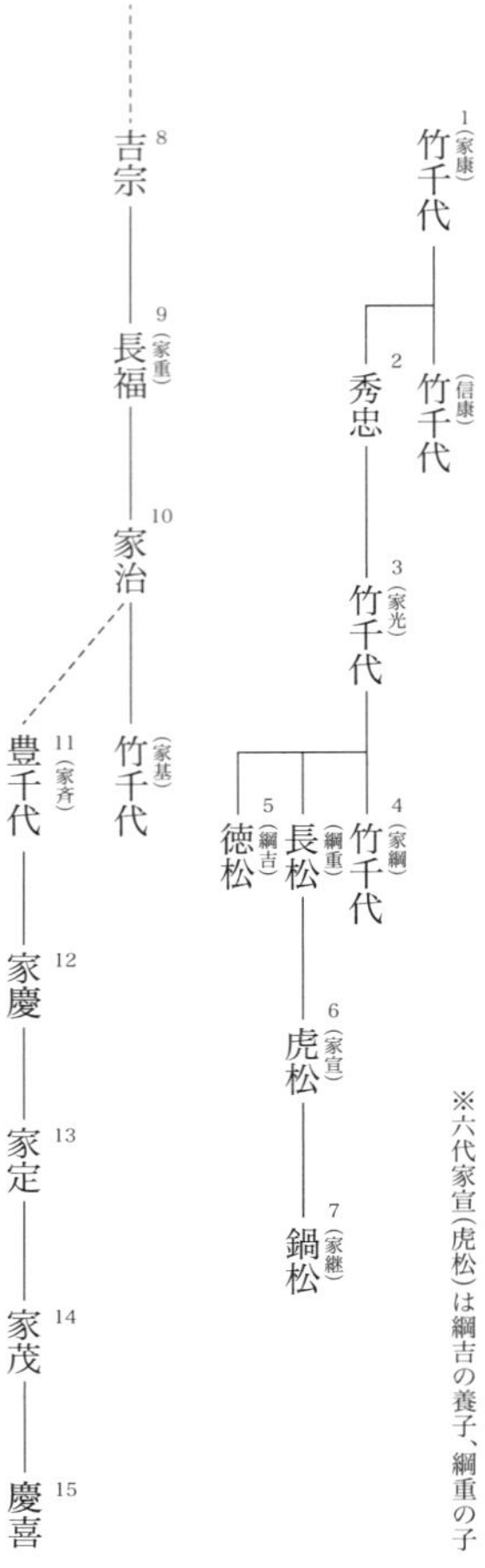

※六代家宣(虎松)は綱吉の養子、綱重の子

の限りでは、『万葉集』九十五番にある安見子《やすみこ》が女性名としての「〜子」型の最初かもしれない。

我れはもや　安見子得たり　皆人《みなびと》の
得がてにすとふ安見子得たり

これは高嶺の花の安見子という采女《うねめ》（後宮の女官）を藤原鎌足が見事に娶ることに成功して、これを手放しで喜び謳ったものである。藤原不比等の長女宮子（文武天皇の妃、聖武天皇の生母）と同次女の光明子（聖武天皇の妃、孝謙女帝の生母）も「子」が付いている。

いずれにしても以降の約半世紀ほどの間、「〜子」型の女性名は、管見には入っていない。しかし平安時代に入ると、平城上皇の側近に有名な藤原薬子が現れる。さらに淳和天皇の後宮には、大中臣淵魚の娘安子、大野真雄の娘鷹子、橘清野の娘船子、清原夏野の娘春子などがいた。そしてこれらの女性たちが、淳和天皇の皇女の氏子・有子・貞子・寛子・崇子・国子・明子などを産んだと、『続群書類従』所収の「皇胤系図」に記されている。

なお淳和天皇の兄嵯峨天皇の皇女も、源姓を賜与されて臣籍《しんせき》に降下したことなどは、第一章で述べた。その嵯峨天皇の皇女で皇籍に留まっていて内親王となっていたのは、正子・秀子・俊子など「子」が付いていた。一方、源姓を賜与されて臣籍に降下したのは、貞姫・潔姫・全姫など「姫」が付されていた。「子」型は皇籍に留まっていたのだから、「姫」型より上位だったのだろうと考えられる。とすれば「〜子」というときの「子」は、「姫」よりも上位の敬称であって実名ではなかったかもしれない。

二　一族の絆を深める系字と通字

兄弟が実名の一字を共有した「系字」

平安初期、男性の実名にも大きな変化がみられた。

これより以前の男性の実名は、一字名のものもあれば数文字の実名まであり、文字数にはとらわれていなかった。ときの権力者藤原不比等の息子も武智麻呂・房前・宇合・麻呂だった。それが冬嗣・長良・良房・基経というように二字の嘉字にするのが、一般化したのである。

図13の系図は、桓武天皇から直後の男系だけの系図である。桓武天皇の皇子たちの名は、安殿（平城）・神野（嵯峨）・大伴（淳和）・伊予などと相互の関連はまったく見られない。ところが嵯峨天皇の皇子たちの名は、正良（仁明）・秀良・業良・基良・忠良と、すべて「良」の文字がある。

このように兄弟が実名のうちの一字を共有して、共通の父親を持つ兄弟であることを示すようになったわけで、その共通の文字を「系字」といった。

天皇家では系字は、嵯峨天皇の皇子の代にはじまったわけだが、次の淳和天皇の皇子には、系字が「恒」と「貞」の二種あって、まだ制度として確立していないことがわかる。と

図13　天皇家の系字の開始

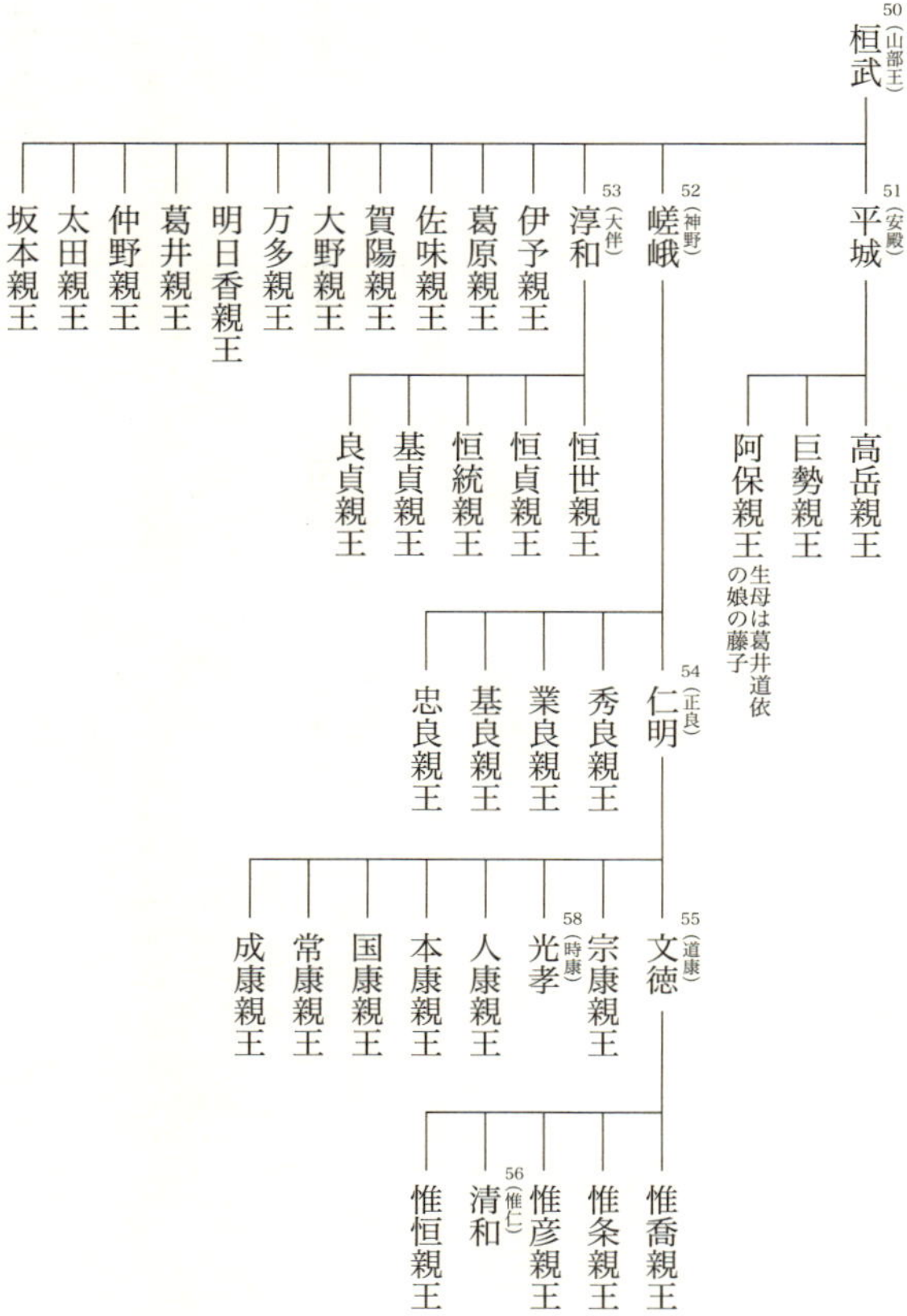

図14　摂関家の系字

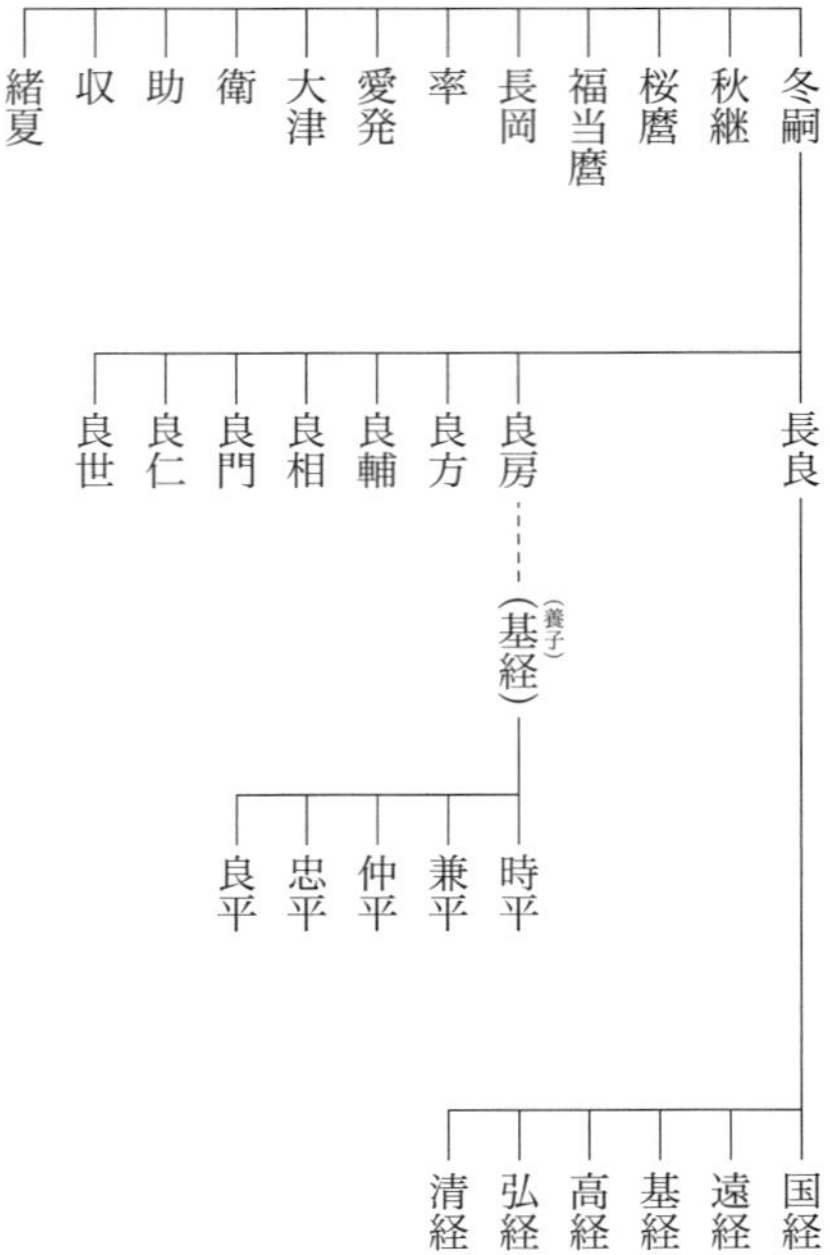

ころが次の仁明天皇の皇子の世代では、文徳天皇を含めて「康」を系字にしており、その次の文徳天皇の皇子世代でも「惟」を系字にしていて、仁明・文徳両天皇の代で系字の風が定

着しているのが看取される。

これを藤原摂関家で見ると、図14のようになる。冬嗣の世代では、一字名あり二字名あり三字名もある。ところが冬嗣の子の世代では、「良」が系字になっているのはわかるが、長

図15　桓武平氏の系字

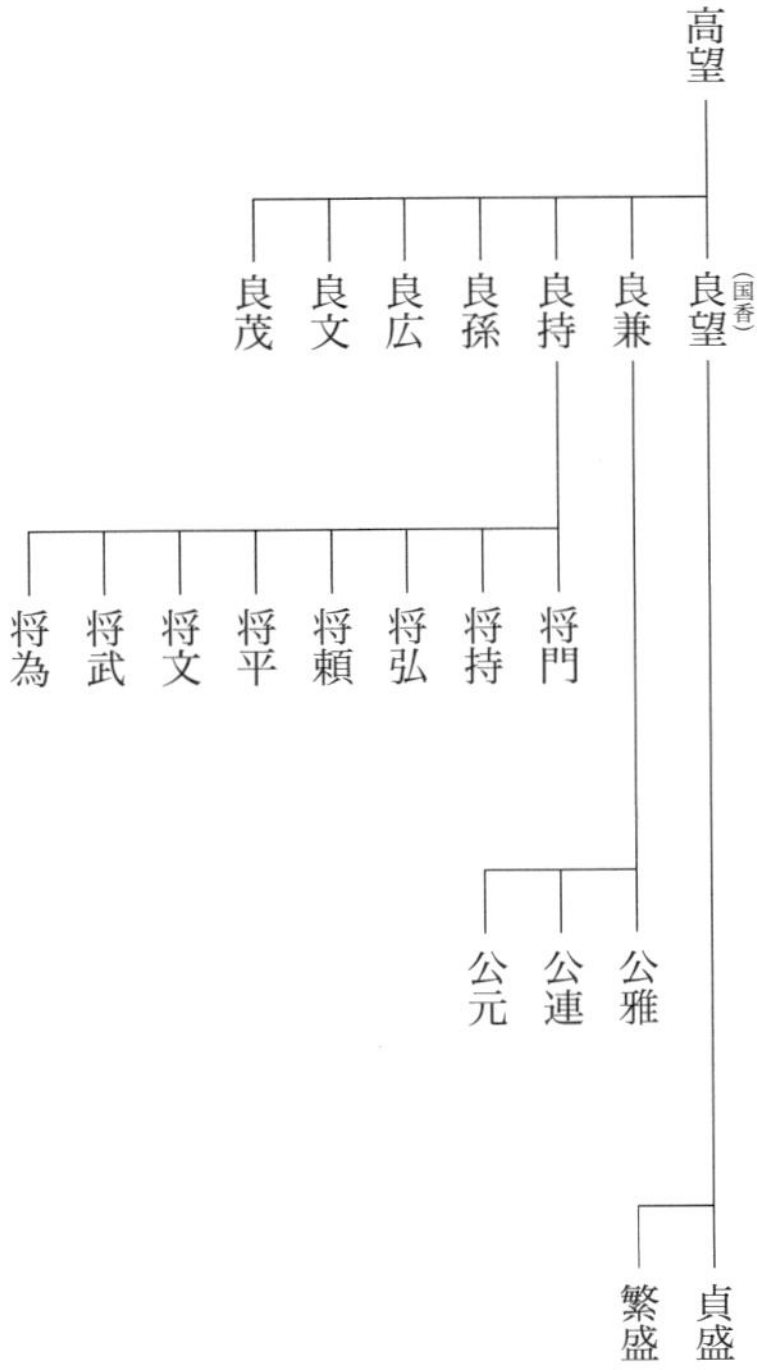

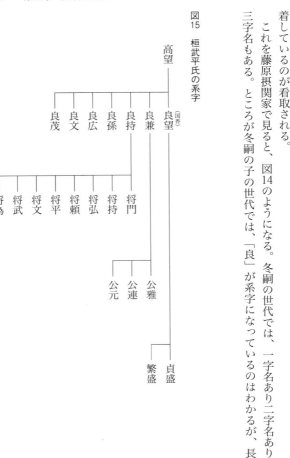

男長良一人だけが「良」が下で、弟たちはみな「良」が上にある。

そして長良の子の世代の「経」、良房の養子になった基経の子の世代の「平」が示すように、この段階で摂関家にも系字が定着したことがわかる。

これを桓武平氏武家流の例でみると図15のようになる。

高望王の子の代は「良」、長男良望（国香）の子は「盛」、次男良兼の子は「公」、三男良持（良将とも）の子は「将」が、それぞれ系字だった。親同士は兄弟であっても、親が違うと系字も違っていたのである。

同父の兄弟が横並びで一字を共有する「系字」は、九世紀・十世紀と約二百年も続いた。そして天皇家、摂関家などの諸藤原氏、橘・大江・中原・清原などの大族でも系字は行われた。

一族の一字を相続した「通字」

ところが十一世紀中葉、新しい動きが起こった。先述した一族の一字を相続する「通字」が、各氏族ではじまったのである。天皇家では、図16のようだった。

後冷泉（親仁）・後三条（尊仁）兄弟は、まだ「仁」を系字にしていたといえるかもしれない。白河（貞仁）・実仁・輔仁の兄弟も、まだ系字といえるかもしれない。しかし後三条・白河・堀河・鳥羽・崇徳等々と子から孫へと縦に「仁」が続くと、もはや系字とはいえ

図16　天皇家の「仁」の通字の開始

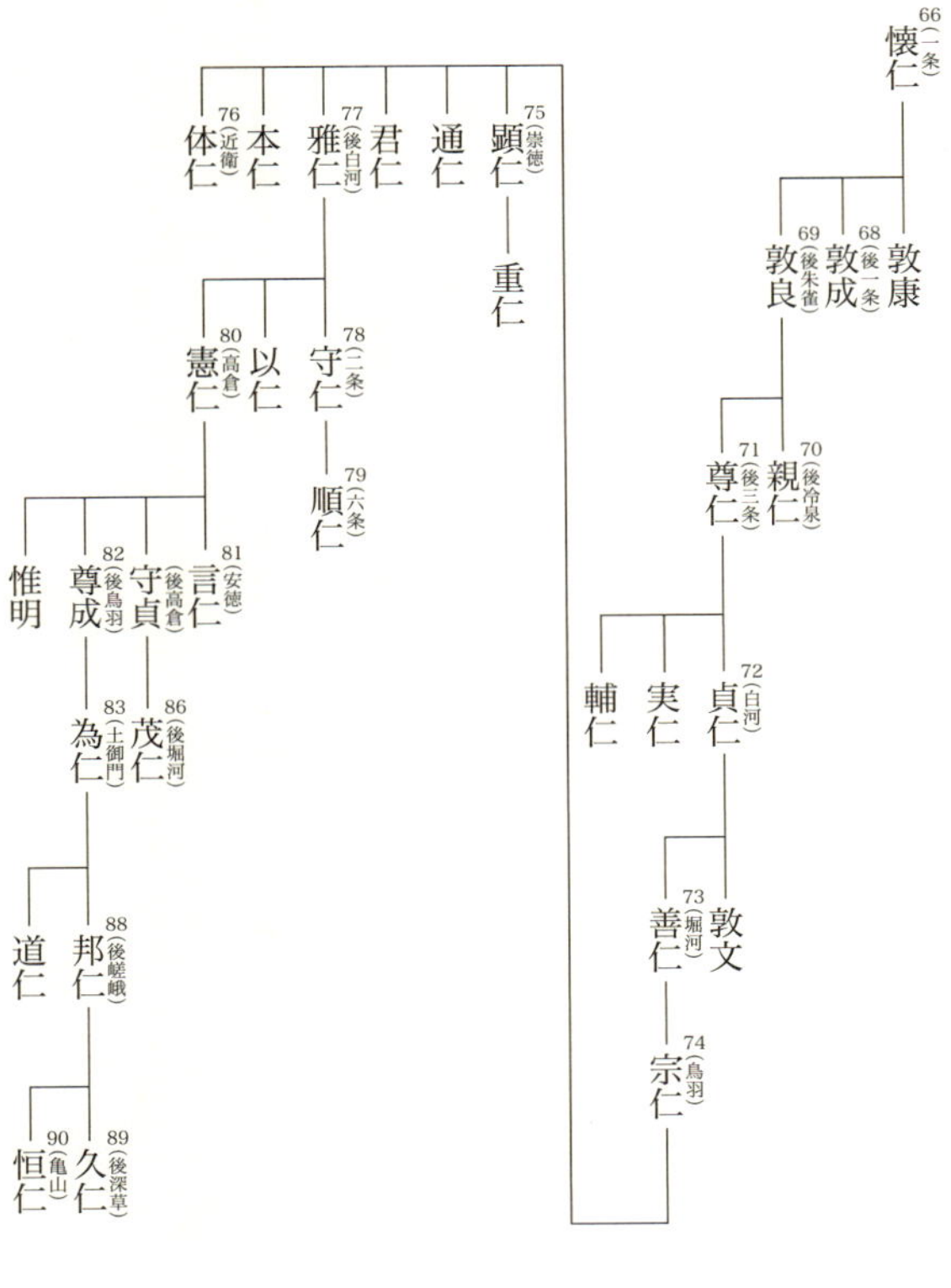

ない。まさに通字である。

天皇家で系字が通字に転換した前後の頃、藤原摂関家では、その転換は顕著ではなかった。通字が二代続くことはあっても、三代とは続かず、系字の余風が強く残っていたのである。

清和源氏の嫡流家では、頼光・頼信兄弟の世代の「頼」という系字が、そのまま以降の通字に転化したとみることが可能だが、武士社会で神と仰がれた八幡太郎義家の「義」が、以降、第二の通字とも考えられたらしい。

桓武平氏武家流の嫡流家では、清盛の祖父正盛の代で、かつて平将門を討ち取った先祖貞盛の「盛」を以降の通字にしたらしい。

いずれにしても平安時代の中期より以降、明治維新にいたるまで、通字の風は盛行した。その間、「孝《たか》」を通字にしていた基家系で、発音だけ取って「高《たか》」あるいは「敬《たか》」としたような変則もあった。

有名な通字の例としては、織田氏の「信」、豊臣氏の「秀」、徳川氏の「家」が知られるが、以下のようなものがある。

・奥州藤原氏の清衡《きよひら》・基衡・秀衡・泰衡などの「衡」
・鎌倉北条氏の時政・義時・泰時・時氏・経時・時頼・時宗・貞時・高時などの「時」
・相模三浦一族の義村・泰村・家村・光村・朝村などの「村」

・相模三浦一族の分流の佐原流三浦氏の義連《よしつら》・盛連・経連・家連・重連などの「連」
・大庭・長尾・俣野・梶原などと名字は異なるが、同じ鎌倉党の景正・景村・景明・景能・景親・為景・景久・景時・景季などの「景」
・江戸・葛西・畠山・川越など名字は異なるが、同じ秩父党の重長・重頼・重能・清重・重忠・重保・重成・重朝などの「重」
・千葉氏の常胤《つねたね》・胤正・成胤・胤綱・時胤・頼胤などの「胤」

また清和源氏の足利氏は、鎌倉時代には義氏・泰氏・頼氏・貞氏・高氏（尊氏）と「氏」を通字にしていた。だから鎌倉幕府が倒れても、鎌倉公方家は基氏・氏満・満兼・持氏と、以降も「氏」を通字としていた。鎌倉幕府を嗣立継承しているという誇りを持ち続けていたからである。しかし京都の室町幕府の将軍家は、二代目から義詮《よしあきら》・義満・義持・義量《よしかず》・義教《よしのり》・義勝・義政・義尚・義稙《よしたね》・義澄・義晴・義輝・義栄《よしひで》・義昭と、清和源氏本来の通字「義」を自流の通字とした。鎌倉初期に頼朝・頼家・実朝の源氏三代で嫡流家が断絶しているから、その跡を嗣いで清和源氏の嫡流家になったのだと、公表したわけである。鎌倉時代に「義」を名乗らなかったのは、北条氏を憚ったのだろう。

また、鎌倉時代の新田氏も義兼・義房・政義までは「義」を名乗ったが、以降は政氏・基氏・朝氏と「氏」を通字として、足利氏の一族のようになっていたのである。そして鎌倉時代の最末期、朝氏の長男が足利氏の通字だった「氏」を捨て、清和源氏嫡流家の通字の

「義」をとって義貞と名乗った。これは鎌倉幕府および足利氏に対する叛意を、ついに露《あらわ》にしたということだと解釈できる。

このように通字に関する挿話は、きりがない。

三　天皇の実名は使えない

輩行ノ仮名の発展

『大鏡』下「藤原氏の繁栄」の項に、次のような記述がある。

一、冬嗣大臣の御太郎長良中納言
一、長良大臣の御三郎基経のおとど（大臣）
一、基経大臣の御四郎忠平のおとど
一、忠平大臣の御二郎師輔《もろすけ》の大臣
一、師輔大臣の御三郎兼家の大臣
一、兼家大臣の御五郎道長大臣
一、道長大臣の御太郎、只今の関白左大臣頼通の大臣

『今昔物語』の巻十九には、「太郎子」「二郎子」「三郎子」の三人兄弟の挿話がある。

下って江戸時代の『年々随筆』三には、

輩行といふは、兄を太郎といひ、次を二郎といひ、三郎、四郎、ついでのままに呼ぶ事也。十郎より上は余一、余二などぞいひけらし。

という記述がある。太郎・次郎・三郎というのは、もともとはたんに長男・次男・三男を表しているだけのもので、名前ではなかったという意味で、これを「輩行《はいこう》ノ仮名《けみよう》」という。

この「輩行ノ仮名」は、長男の意味である太郎からはじまって、次郎・三郎・四郎……九郎・十郎から、さらに〝余り一〟とでもいうように、余一郎・余次郎・余三郎……余九郎までである。つまり男子の定員は、十九人ということになる。そしてのちに余一郎などの「余」は、「与」を用いて「与一郎」とも書くようになる。このとき、〝余太郎〟とはいわない。長男というのはただ一人だけであり、〝余太郎（余りの長男）〟などというものは、絶対にあり得ないからである。

源平合戦の前後の頃、父が祖父の太郎で、その五男が自分だというとき、太郎五郎と名乗っている例がある。三郎四郎だったら、父は祖父の三郎（三男）で、自分は父の四郎だというのである。二重型の「輩行ノ仮名」ともいえる。その短縮版といえるものも現れた。太郎五郎の短縮形が太五郎あるいは大五郎で、三郎四郎の短縮形が三四郎である。なお父が祖父の太郎で、自分も同じく父の太郎である場合、「太郎太郎」とはいわない。又太郎・弥太郎あるいは小太郎といった。ちなみに北条義時は、小四郎と名乗っている。父時政が四郎で義時は時政の四男だったからである。

なお、「源平藤橘」という四姓の風が定着しかけた頃から、「輩行ノ仮名」の上に源頼朝の長兄の鎌倉悪源太義平のように、「源・平・藤・橘」を冠することがはじまっている。このとき牛若丸を鞍馬山から連れ出したという金売り吉次のように、「橘」はしばしば「吉」と書かれる。また多くの場合、梶原平三景時の「平三」のように、「郎」は省略された。

実名の持つ霊性

『万葉』の冒頭は、次の長歌である。

籠《こ》もよ　み籠《こ》持ち　掘串《ふぐし》もよ　み掘串持ち　この丘に　菜摘《なつ》ます子　家告《いえの》らせ　名告《なの》らさ
ね　そらみつ大和の国は　おしなべて　我こそ居《お》れ　しきなべて　我こそませ　我こそは
告《の》らめ　家をも名をも

第二十一代雄略天皇が、掘串で若菜を摘んでいる乙女を路傍で見初めて、名前を尋ねたのである。当時、名前を尋ねるということは、求婚したということであり、これに対して乙女が自分の名前を教えれば、これを受け入れたということだった。

名前を他人に知らせるということは、名前が持っている霊的なものを、その他人に委ねるという意味があったからである。逆にみると、他人に名前を知られるということは、怖ろしいことだった。自分の霊的なもの、たとえば運命や生命などもその他人に握られてしまうということで、具体的には呪詛《じゅそ》される危険もあったからである。

いずれにしても名前には、なにか神秘的で霊的なものが含まれていると信じられていたのである。だから実名のことを諱《いみな》ともいった。他人に知られるのを、〝忌《い》む名《な》〟という意味である。

このため当然のことながら、五輪塔など古代の墓石に、名前などを彫るということはなかった。死後に他人に名前を知られたら、極楽浄土に往くのを邪魔されるかもしれないからである。

他人に名前を知られるのを怖れるということは、特に女性に強かった。貞操を失うのに等しいと信じられていたからである。だから紫式部や清少納言などの実名は、いまもって知られてはいない。

しかし他人に名前を知らせないでいると不便である。そこから〝他人に知られても危険のない名前〟、あるいは〝霊性の籠っていない名前〟というのが、一般的に用いられるようになる。「通称」、あるいは「仮名《けみよう》」である。そして「通称」には、官職名が多かった。大臣・大将・大納言・蔵人・武者所などである。この風は現代にも残り、いま我々は社長・部長・教授・先生・御主人・奥さんなどと呼び合っている。

武家の偏諱

やがてこのような実名公称を避けるということから、偏諱《へんき》ということがはじまった。もともとは天皇を憚って、自分ないし自分の子の名前に天皇の実名（諱）の文字を用いないということだった。ところがのちに対象が広がって、主人の実名をも避けるようになっている。

この種の偏諱は、主に公家社会でのことだった。しかし武家社会でも行われた。どちらも考え方の根底には、実名の持つ霊的なものへの信仰があったが、武家社会の偏諱は、一族や家臣の忠誠心を得ようとすることに主眼があった。

偏諱は、武家社会では元服するときに行われた。元服すると烏帽子《えぼし》をかぶることになるが、しかるべき人に頼んで、烏帽子をかぶせてもらうことになる。このとき烏帽子をかぶせてくれた人を烏帽子親といい、かぶせてもらった少年を烏帽子子《えぼしご》という。一種の親子の擬制だったが、烏帽子親・子の絆は強かった。

いずれにしても烏帽子儀礼が済むと、烏帽子子は元服したことになり、成人したことになる。具体的には「〜丸」というような童名を捨てて、成人としての実名を名乗ることになる。このとき烏帽子親の実名のうちの一字（これを片名《かたな》という）を貰い受け、通常は自族の通字と合わせて、自分の実名とする。この烏帽子親から片名を貰うことを、偏諱頂戴あるいは一字拝領といった。

歴代の北条氏得宗は、有力御家人たちには自分の片名を与えて、その忠誠心を得ようと努めている。

鎌倉幕府成立初期からの有力者だった安達氏では、三代目の義景が、北条義時から「義」を貰っていた。四代目の泰盛の「泰」は、北条泰時からの偏諱だろう。

足利氏の歴代も、一人家時だけを除いて、ほかはすべて得宗から偏諱されている。義氏は義時から、泰氏は泰時から、頼氏は時頼から、そして高氏・高国（のち直義）兄弟は高時から、それぞれ片名を拝領したのである。のち高氏は、後醍醐天皇の諱の尊治《たかはる》から、「尊」の一字を拝領して尊氏となる。このように一字を書面に書いて渡すのを、「一字書出《いちじかきだし》」という。

鎌倉北条氏九代をみると図17のようになる。

しかし主君が家臣に偏諱を与える一字書出は、家臣の忠誠心を高めるには、さほど効果はなかった。だが権威だけで実力を失っていた室町将軍家は、これを乱発した。地方の大名にとって将軍から偏諱を受けることは、それなりに名誉なことであり、自分の権威付けにもなった。地方の大名は争って将軍の偏諱を受けている。たとえば十二代将軍義晴は、甲斐国

図17　鎌倉北条氏九代

（山梨県）の武田晴信（のち信玄）に「晴」を与え、十三代義輝は、九州の相良義陽《よしひ》に「義」、越後（新潟県）の上杉輝虎（のち謙信）に「輝」を与えている。

主君が家臣に偏諱を与える一字書出は、大名と家臣との間でもしばしば行われた。以下にその主なものを挙げてみよう。

・大友親世、→宇都宮親景、
・少弐資元、→横岳資誠
・北条氏直、→北条氏盛
・大内政弘、→毛利弘元
・武田晴信、→小山田信茂
・毛利元就、→国司《くにし》元相

なお江戸時代に入ってからも、将軍から大名へ、大名から家臣たちへの一字書出は数多く行われた。

四　一般庶民の名前

古代・中世の庶民の名前

奈良時代の庶民の名前は、養老五年（七二一）の「下総国葛飾郡大島郷戸籍」や天平五年（七三三）の「右京計帳」などによって、かなり多くがわかる。

男性では小山・忍羽・広国・古麻呂・若麻呂・荒瀬などがあり、女性では若売・広刀自売・宮売・真都売などがあり、末尾の「売《め》」は、既に述べたように女性であることを示す接尾語だったらしい。

平安・鎌倉・南北朝・室町の各時代では、荘園での名主レベルの存在しか史料には現れない。

若狭国太良荘《たらのしょう》（福井県）では、勧心・真利・時沢など名字を名乗らない上層農民もいたが、宮河乗蓮・脇袋範継など名字を名乗る者もいた。しかし女性たちは、藤原氏女・中原氏女などという名乗りはあったが、実名は記されてはいない。

鎌倉時代で注目されるのは、弘長二年（一二六二）十月十一日付「近江奥島百姓等荘隠置文」（『鎌倉遺文』八八八一号）である。奥島荘（滋賀県）の農民十五人が、

錦吉弘・秦宗重・紀重藤・紀延重・錦宗房・錦則吉・佐伯宗利・同利栄・紀国貞・菅原真清・高向真重・坂上助安・錦弘真・大中臣利弘・錦弘貞

と、みな姓名を名乗っていたのである。

室町時代の永正二年（一五〇五）頃の「称名寺用途勘定状」には、金沢文庫関係の人名に春林・太郎次郎・孫七・源次郎・与次郎などの名が載る。

江戸時代の庶民の名前

江戸時代に入ると、さまざまな史料などで農民の名前が数多く見られる。ここでは、宝永五年（一七〇八）三月の相模国西富岡村（神奈川県）の全農家の戸主の名前六十を、現存する「堀江家文書」から抽出して分類すると以下のようになる。

○「〜兵衛」型（二六・七％）

七兵衛・忠兵衛・平兵衛・八兵衛・作兵衛・弥兵衛・吉兵衛・才兵衛・彦兵衛・久兵衛・惣兵衛・杢兵衛・由兵衛・小兵衛・伊兵衛

○「〜左衛門」型（二五％）

七左衛門・半左衛門・小左衛門・源左衛門・八左衛門・平左衛門・文左衛門・助左衛門・安左衛門・重左衛門・仁左衛門・惣左衛門・孫左衛門・喜左衛門

○「〜右衛門」型（二五％）

七右衛門・半右衛門・小右衛門・源右衛門・八右衛門・平右衛門・茂右衛門・杢右衛門・伝右衛門・曾右衛門・勘右衛門・弥右衛門・三右衛門・九右衛門・次右衛門

○「二字＋右衛門」型（八・三％）

七郎右衛門・八郎右衛門・三郎右衛門・甚五右衛門・与惣右衛門

○「輩行ノ仮名＋兵衛」型（三・三％）

市郎兵衛・七郎兵衛

○「一字＋輩行ノ仮名」型（六・七％）

長八郎・三十郎・久次郎・庄次郎

○その他（五％）

助蔵・九之介・権介

以上を左右の別などを無視して、兵衛型と衛門型の律令官職名型とそれ以外とに再分類すると、実に八八・三％が律令官職名型になる。

つまり一村のほぼすべての戸主が、〜兵衛か、〜衛門だったのである。名前に関していえば、律令官職名の強固な残存と単調な画一性とが、江戸時代の農村にはあったのである。

ところが女性の名前には、かなりの多様性が見られる。同じく「堀江家文書」で江戸中期の西富岡村の女性名を拾い出すと、次のようになる。


さな・ちやう・とよ・えつ・てふ・はる・とみ・しゅん・とめ・きよ・せん・いわ・さき・きやう・いよ・はつ・たけ・ひろ・うめ・かゆ・てつ・ふさ・そよ・たよ・たえ・つな・もと・いせ・やお・きせ・ひさ・りん・よね・よし・まさ・くに・たか・すけ・きん・わか・はま・りよ・佐紀・米・福・まつ・こと・しま・かつ・みや・はな・やす・ろく・まる・いと・きそ・なお・ゆき・となう・わに・悦

漢字名がきわめて少なく、ほぼすべてが二音節という特徴がある。

近代以降の名前

明治三年（一八七〇）五月、明治新政府に戸籍編成のための部署割りが行われ、同九月十九日、全国に「自今、平民の苗字、差し許さるるのこと」の布告が発せられたことは、第三章で触れた。

続いて同十一月、旧国名や律令官職名が禁じられた。原田甲斐・伊達安芸・竹田出雲などとは名乗れなくなり、また大石内蔵助・同主税《ちから》・平手造酒《みき》などと称するのも禁じられたのである。

なお、このとき西郷吉之助は隆盛に、桂小五郎が木戸孝允、大隈八太郎が重信、井上聞多が馨、伊藤俊助が博文、そして大久保一蔵が利通に、それぞれ改名している。

同六年三月、天皇の二字の諱や諡号《しごう》（おくりな）のうち、片名だけを実名に取り入れるのはよいが、二字そのままを名乗るのは禁じられた。同時に父子兄弟姉妹は、同一の苗字でなければならないとも布達された。

そして明治八年二月十三日、苗字公称が国民の義務とされた。それまで苗字公称は「差し許」されていただけだったので、苗字を名乗らない者が多かったのである。

多くの者は、持っていた「隠し苗字」を名乗った。自分の苗字を忘れてしまっていた者には、戸長や檀那寺の和尚が考えてやった。主家や地主の苗字を、そのまま名乗った者もあった。一村の住人全員が、同一苗字ということもあった。そして山上・山中・山下・川上・川中・川下などの居住地の地名による苗字が多かった。

海浜の漁村などでは、大網・大船・船方・田井（鯛）・平目《ひらめ》など、漁具や魚名にちなむものも多かった。畑の多い地では、大畑・広畑・大野・大原・大根《おおね》・粟野・蕪菜《かぶな》などがみられた。また商売や屋号に由来した八百谷（八百屋）・油屋・紺谷（紺屋）・梶（鍛治）・紙谷（紙屋）などもあった。

廃仏毀釈の運動によって還俗させられた僧侶には、桑門・大乗・無着・方丈など仏教的な色彩の濃いものが多く、神主などは、中臣・蘇我・大伴など、大和時代の氏名が多かった。なかには、大食漢だったので大啖《おおくらい》とか大飯《おおめし》、酒呑みだったので五升酒、力持ちだったので三俵担《さんびょうかつぎ》、親の財産を兄弟三人で分けて三分一《さんぶいち》など、おふざけのようなものもあった。

苗字公称が国民の義務とされた直後、石川県庁から夫婦の苗字に関して内務省に問い合わせがあった。六年三月の布告には、「父子兄弟姉妹」は同一苗字たるべしとあったが、「母」が抜けていたのである。そして同九年三月、

婦女、人ニ嫁スルモ、仍《な》ホ所生ノ氏ヲ用ユベキ事。但、夫ノ家ヲ相続シタル上ハ、夫家ノ氏ヲ称スベキ事。

と内務省は回答した。

新政府の官僚たちは、幕末には志士だった。彼らの愛読書だった頼山陽の『日本外史』や『大日本史』では、源頼朝の正室北条政子は「平氏」で、織田信長の室濃姫《のうひめ》は「斎藤氏」だった。内務省の回答は、この線に沿ったものだった。妻は実家の苗字を名乗るということで、事実上、夫婦別姓を命じたのである。

しかし明治三十一年六月二十一日、民法と改正戸籍法が公布された。女性は結婚すると、

実家の苗字を捨て、婚家の苗字を名乗らねばならぬとされたのである。

そして明治の末年頃、女性の名前に異変が生じた。もともとは皇室・公家あるいは大名などの姫君にしか用いられなかった「〜子」型が、一般庶民の女性たちの名前になりはじめたのである。

津田梅子・上田貞子・下田歌子の生まれた時代は、まだ姫君の「〜子」だった。しかし与謝野晶子・大塚楠緒子・平塚明子（らいてう）・樋口夏子（一葉）の時代になれば「子」は庶民の女性名だった。そして大正になると、「〜子」型に勢いがついて、さらに昭和に入るとその流れは加速する。

朝日新聞平成十五年八月十八日の夕刊に、明治生命調べ「生まれ年別　女の子の名前ベスト1」が、掲載されている。これによると、大正三年（一九一四）には、ついに「静子」が群を抜いて一位になり、以降、昭和四十一年（一九六六）まで、つねに「〜子」型がトップの座を守り続けている。

この間、昭和元年（一九二六）から二十余年の間、「昭」「和」の二文字は、男性女性を問わず、トップあるいはトップ近くにあった。男性では昭雄・昭夫・昭彦・和雄・和夫・和彦などであり、女性なら昭子・昭代・和子・和代などである。庶民の時代への希望があったのかもしれない。しかし平成元年（一九八九）以降、「平」「成」を付けた名前は多くない。

また男女の名前は、これまで男性が名乗っていたような名前が女性にあったり、女性の名前だったものを男性が名乗っていたりと、新たな名前の歴史が書き加えられようとしている。

多種多様である日本人の名前は、これからどうなっていくのであろうか。

年　代	男	女
昭和41年	誠	由美子
42	誠	由美子
43	健一	直美
44	誠	直美
45	健一	直美
46	誠	陽子
47	誠	陽子
48	誠	陽子
49	誠	陽子
50	誠	久美子
51	誠	智子
52	誠	智子
53	誠	陽子
54	大輔	智子
55	大輔	絵美
56	大輔	恵
57	大輔	裕子
58	大輔	愛
59	大輔	愛
60	大輔	愛
61	大輔	愛
62	達也	愛
63	翔太	愛
昭64・平1年	翔太	愛
2	翔太	愛・彩
3	翔太	美咲
4	拓也	美咲

年　代	男	女
平成5年	翔太	美咲
6	健太	美咲
7	拓也	美咲
8	翔太	美咲
9	翔太	明日香
10	大輝	萌
11	大輝	未来
12	翔	さくら・優花
13	大輝	さくら
14	駿	美咲・葵
15	大輝	陽菜
16	蓮	さくら・美咲
17	翔・大翔	陽菜
18	陸	陽菜
19	大翔	葵
20	大翔	陽菜
21	大翔	陽菜
22	大翔	さくら
23	大翔・蓮	陽菜・結愛
24	蓮	結衣
25	悠真	結菜
26	蓮	陽菜・凜
27	大翔	葵
28	大翔	葵
29	悠真・悠人・陽翔	結菜・咲良
30	蓮	結月

※明治安田生命の生まれ年別の名前調査をもとに作成。

大正・昭和・平成男女名前ベスト1

年　代	男	女
明45・大1年	正一	千代
2	正二	正子
3	正三	静子
4	清	千代
5	辰雄	文子
6	三郎	千代子
7	清	久子
8	三郎	久子
9	清	文子
10	清	文子
11	清	文子
12	清	文子
13	清	幸子
14	清	幸子
大15・昭1年	清	久子
2	昭二	和子
3	昭三	和子
4	茂	和子
5	清	和子
6	清	和子
7	勇	和子
8	清	和子
9	明	和子
10	弘	和子
11	清	和子
12	清	和子
13	勝	和子

年　代	男	女
昭和14年	勇	和子
15	勇	紀子
16	勇	和子
17	勝	洋子
18	勝	和子
19	勝	和子
20	勝	和子
21	稔	和子
22	清	和子
23	博	和子
24	博	幸子
25	博	和子
26	茂	和子
27	茂	和子
28	茂	恵子
29	茂	恵子
30	隆	洋子
31	隆	恵子
32	誠	恵子
33	誠	恵子
34	誠	恵子
35	浩	恵子
36	浩	恵子
37	誠	久美子
38	誠	由美子
39	誠	由美子
40	誠	明美

あとがき

源平合戦の頃、熊谷直実《くまがいなおざね》という武将がいた。超人的な強力《ごうりき》で勇猛、一ノ谷合戦などで、武名を挙げている。いわゆる鎌倉武士の代表的人物だった。

その直実の正式な名乗りを分解すると、次のようになる。

地名		姓名		実名
熊谷	郷司	平	次郎	直実
名字	職名		仮名	通字

これだけでも地名に由来した名字、出身を示す姓名、所領での役職名、兄弟での出生の順序を表す仮名《けみよう》、個人の実名とそのなかでの一族の通字などがわかる。

それぞれには、社会的な意味があり、歴史的な変遷があった。やや誇張していうと、名乗りを見ただけで、その人物の多くを知ることができる、ということかもしれない。

そのような意味で、名前を研究するということは、考古学や古文書学と同様、立派な歴史学の一分野になり得る。本書の書名を『名字の歴史学』としたのは、そのようなことによる。

読者の方々が、本書を通して自分の家族や名前を分析してみるのも一興かもしれない。なにか得るものがあると私は信じている。

本書の刊行には、角川学芸出版の伊藤賢治氏に、いろいろとお世話になった。末尾ながら謝意を表したい。

二〇〇四年二月

奥富敬之

本書の原本は、二〇〇四年、角川書店より刊行されました。

奥富敬之（おくとみ　たかゆき）
1936年東京生まれ。早稲田大学大学院国史学科博士課程修了。専門は日本中世史。日本医科大学名誉教授。『鎌倉北条氏の基礎的研究』『日本人の名前の歴史』（吉川弘文館），『天皇家と源氏――臣籍降下の皇族たち』（三一書房），『苗字と名前を知る事典』（東京堂出版），『北条時宗――史上最強の帝国に挑んだ男』（角川書店）など著書多数。2008年没。

講談社学術文庫

定価はカバーに表示してあります。

名字《みょうじ》の歴史学《れきしがく》

奥富敬之《おくとみたかゆき》

2019年4月10日　第1刷発行

発行者　渡瀬昌彦
発行所　株式会社講談社
東京都文京区音羽2-12-21 〒112-8001
電話　編集（03）5395-3512
販売（03）5395-4415
業務（03）5395-3615
装　幀　蟹江征治
印　刷　豊国印刷株式会社
製　本　株式会社国宝社
本文データ制作　講談社デジタル製作

ISBN978-4-06-515287-4

「講談社学術文庫」の刊行に当たって

これは、学術をポケットに入れることをモットーとして生まれた文庫である。学術は少年の心を養い、成年の心を満たす。その学術がポケットにはいる形で、万人のものになることは、生涯教育をうたう現代の理想である。

こうした考え方は、学術を巨大な城のように見る世間の常識に反するかもしれない。また、一部の人たちからは、学術の権威をおとすものと非難されるかもしれない。しかし、それはいずれも学術の新しい在り方を解しないものといわざるをえない。

学術は、まず魔術への挑戦から始まった。やがて、いわゆる常識をつぎつぎに改めていった。学術の権威は、幾百年、幾千年にわたる、苦しい戦いの成果である。こうしてきずきあげられた城が、一見して近づきがたいものにうつるのは、そのためである。しかし、学術の権威を、その形の上だけで判断してはならない。その生成のあとをかえりみれば、その根は常に人々の生活の中にあった。学術が大きな力たりうるのはそのためであって、生活をはなれた学術は、どこにもない。

開かれた社会といわれる現代にとって、これはまったく自明である。生活と学術との間に、もし距離があるとすれば、何をおいてもこれを埋めねばならない。もしこの距離が形の上の迷信からきているとすれば、その迷信をうち破らねばならぬ。

学術文庫は、内外の迷信を打破し、学術のために新しい天地をひらく意図をもって生まれた。文庫という小さい形と、学術という壮大な城とが、完全に両立するためには、なおいくらかの時を必要とするであろう。しかし、学術をポケットにした社会が、人間の生活にとってより豊かな社会であることは、たしかである。そうした社会の実現のために、文庫の世界に新しいジャンルを加えることができれば幸いである。

一九七六年六月　　野間省一

日本の歴史・地理

鬼頭　宏著
人口から読む日本の歴史
歴史人口学が解明する日本人の生と死の歴史。増加と停滞を繰り返す四つの大きな波を経て、一万年にわたり増え続けた日本の人口。そのダイナミズムを分析し、変容を重ねた人びとの暮らしをいきいきと描き出す。

1430

勝　海舟著／江藤　淳・松浦　玲編
氷川清話
海舟が晩年語った人物評・時局批判の小話集。幕末期の難局に手腕を発揮し、次代を拓いた海舟。歯に衣着せず語った辛辣な人物評、痛烈な時局批判は、彼の人間臭さや豪快さが伝わる魅力いっぱいの好著である。

1463

エドウィン・O・ライシャワー著／國弘正雄訳
ライシャワーの日本史
グローバルな視点から大胆に日本史を見直す。主要な流れと傍流を判然と区別し、随所に独特な見方を織り混ぜ、日本史の全体像を描き出す。日本生まれの特異な体験をもつ著者が本領発揮、視野の広い異色の通史。

1500

原　武史著
〈出雲〉という思想　近代日本の抹殺された神々
〈出雲〉はなぜ明治政府に抹殺されたのか？　「国家神道」「国体」の確立は、〈出雲〉に対する〈伊勢〉の勝利宣言だった。近代化の中で闇に葬られたオホクニヌシを主祭神とするもう一つの神道思想の系譜に迫る。

1516

エリザ・R・シドモア著／外崎克久訳
シドモア日本紀行　明治の人力車ツアー
女性紀行作家が描いた明治中期の日本の姿。ポトマック河畔の桜の植樹の立役者、シドモアは日本各地を人力車で駆け巡り、明治半ばの日本の世相と花を愛する日本人の優しい心を鋭い観察眼で見事に描き出す。

1537

山本博文著
対馬藩江戸家老　近世日朝外交をささえた人びと
国境藩を通して見た日朝外交の本音と建前。八代将軍吉宗の代替わりに際し、朝鮮通信使が来日する。幕府と朝鮮の間にあって、双方に嘘をつき続けながら、日朝の「交隣」を支えた小藩の苦悩と奮闘を活写する。

1551

山川三千子著（解説・原　武史）
女官　明治宮中出仕の記

明治四十二年、十八歳で宮中に出仕した華族・久世家の長女の回想記。「雀」と呼ばれた著者は、明治天皇夫妻の睦まじい様子に触れ、皇太子嘉仁の意外な振る舞いに戸惑う。明治宮中の闇をあぶりだす一級資料。

2376

尾崎行雄著（解説・奈良岡聰智）
民権闘争七十年　咢堂回想録

代議士生活六十三年、連続当選二十五回。「憲政の神様」の語る戦前の政党の離合集散のさまは面白くも哀しい。回想を彩る鋭い人物評、苦い教訓と反省は、立憲主義、議会政治の本質が問われている今なお新しい。

2377

アルベール・ド・バッソンピエール著／磯見辰典訳
ベルギー大使の見た戦前日本　バッソンピエール回想録

関東大震災、大正の終焉と昭和天皇即位の大礼、満洲事変、相次ぐ要人へのテロ……。駐在して十八年、練達の外交官の目に極東の「日出ずる帝国」とその指導層はどう映じたのか。「戦前」を知る比類なき証言。

2380

鈴木　淳著
関東大震災　消防・医療・ボランティアから検証する

防ぎようがない天災。しかし災害の規模は、人的活動によって大きく左右される。市民、首相、華族、在郷軍人会、青年団――。東京を襲った未曾有の災害に人びとが立ち向かった一週間が物語る歴史の教訓とは。

2381

藤井讓治著
江戸開幕

幕府の基礎を固めた家康、秀忠、家光の徳川三代。外様大名対策、史上初の朝廷支配、キリシタン禁制と鎖国、老中制の確立……。二百六十余年にわたる太平を生み出した強固な体制の成立と構造を解明した名著。

2384

神野志隆光著
「日本」　国号の由来と歴史

「日出づる処の天子」の意味は？「倭」「やまと」と「日本」の関係は？　平安時代から宣長を経て近代まで、「日本」の誕生とその変奏の歴史を厳密な史料読解で示す。新出資料「祢軍墓誌」についての補論も収録。

2392

文化人類学・民俗学

パンの文化史
舟田詠子著

日本語で書かれた、ほぼ唯一の、パンの文化人類学。膨大な資料と調査に基づいて古今東西のパン食文化を一望。貴重な図版写真も多数収録。世界中で多種多様に継承されたパンの姿と歴史と文化が、この一冊に。

2211

日本の食と酒
吉田　元

日本人は何を食べていたのか。中世の公家日記と寺院文書からその食生活を再現し、酒、醤、味噌、納豆などの製法から日本の食文化を最も特徴付ける発酵文化の歴史を跡付ける。これが日本食の原型だ！

2216

イザベラ・バードの旅　『日本奥地紀行』を読む
宮本常一著（解説・赤坂憲雄）

明治初期、「旅に生きた英国婦人」が書き留めた日本人の暮らしぶりを読み解いた、著者晩年の名講義録。なにげない記述から当時の民衆社会の世相を鮮やかに描き出す、宮本民俗学のエッセンスが凝縮。

2226

日本探検
梅棹忠夫著（解説・原　武史）

知の巨人は、それまでの探検で培った巨視的手法で己れの生まれた「日本」を対象化し、分析する。「文明の生態史観序説」と『知的生産の技術』の間に書かれ、梅棹学の転換点となった「幻の主著」がついに文庫化！

2254

東北学／もうひとつの東北
赤坂憲雄著（解説・内藤正敏）

東北に縄文以来堆積してきた稲作以前の種族＝文化の重層的なありようを掬い上げる。柳田国男の一国民俗学の可能性と限界を問い、その枠組みの北辺とされた東北を、辺境ではなく多数性を孕む最前線と位置付ける。

2268

全国妖怪事典
千葉幹夫編

日本の妖怪大集合！　柳田國男以来の伝統をふまえ、文献に現れた七百四十余の妖怪を都道府県別に整理・分類。種別や出現場所、特徴等を紹介した本邦初の本格的妖怪事典。妖怪を愛するすべての人に贈る一冊！

2270